超解费曼学习法

学习法 实践版

张亮———著

The Feynman Technique

人民东方出版传媒
People's Oriental Publishing & Media
东方出版社
The Oriental Press

图书在版编目（CIP）数据

超解费曼学习法：实践版 / 张亮著.—北京：东方出版社，2023.5

ISBN 978-7-5207-2408-1

Ⅰ．①超… Ⅱ．①张… Ⅲ．①学习方法 Ⅳ.①G791

中国国家版本馆CIP数据核字(2023)第034983号

超解费曼学习法

（CHAOJIE FEIMAN XUEXIFA）

张 亮 著

责任编辑：鲁艳芳 杨朝霞

出 版：东方出版社

发 行：人民东方出版传媒有限公司

地 址：北京市东城区朝阳门内大街166号

邮政编码：100010

印 刷：香河县闻泰印刷包装有限公司

版 次：2023年5月第1版

印 次：2023年5月北京第1次印刷

开 本：880毫米×1230毫米 1/32

印 张：7

字 数：145千字

书 号：ISBN 978-7-5207-2408-1

定 价：49.80元

发行电话：（010）85924663 85924644 85924641

序言　简单又高效的终极学习法

先问一个问题：你认为自己是学霸还是学渣？

可能对于这个问题你会比较纠结：如果说自己是学渣，可明明自己认真听老师讲课、刻苦研读教材、每天起早贪黑打鸡血一般学习……不就是妥妥的"学霸"的化身吗？想必也没有人比自己更努力了吧。可如果硬说自己是学霸，每次考试成绩出来后都如遭"晴天霹雳"一般——成绩总是惨不忍睹，远远低于预期，一点都不像是学霸考出的成绩。那么，问题到底出在哪里了呢？想必，大部分人为了学习不辞辛苦、全身心投入的态度毋庸置疑，或许真正值得怀疑的是你的学习方法。

在学习上投入大量的精力，却没有收获对等的结果，这不是态度的问题，而是因为使用了低效的学习方法，导致一种"高付出"和"低成果"的错位匹配。当然，还有一种情况就是，他们看起来努力学习，但自始至终都处于被动状态，缺乏发自内心的兴趣和动力，是在老师和家长的"逼迫"下学习的，这就在态度和方法上都存在问题了。

其实，真正高效能的学习方法，一定不是"头悬梁锥刺股"式的"自虐式"学习，更不是被家长的"棍棒"逼着去学习，而是看起来轻松愉悦、兴趣盎然的快乐式学习。听起来这有些夸夸其谈，但如果你了解一个人的生平就不会怀疑了，这个人就是著名的美籍犹太裔物理学家理查德·费曼。

费曼是世界知名的物理学家，他毕生创造的成就足以载入科学史册，但对现代人来说，除了他在科学上的成就外，还被大家津津乐道，也被无数学霸争相效仿的是他那独特且高效的，也是世界公认最简单且高效的终极学习方法——费曼学习法。

费曼在大学教授物理时，总是能够深入浅出地讲述那些高深复杂的理论，哪怕是专业性很强的内容，只要通过他的准确复述，也能让外行瞬间听懂。因此在他的课堂上，永远都充满了轻松活泼的氛围，学生听不到晦涩难懂的概念，脑海中闪烁的都是生活化的、具象化的例子，而这一切都归功于费曼对知识的"简化"能力。爱因斯坦曾说过的这样一句话能完美解释费曼学习法："If you can't explain it simply, you don't understand it well enough."（"如果你不能简单地说清楚，证明你还未完全明白。"）

举个简单例子，比如你要给一个没有用过移动互联网的人解释什么是 Wi-Fi，按照官方的解释你给解释为：一种创建于 IEEE 802.11 标准的无线局域网技术，应用无线通信技术将计算机设备互联起来，构成可以互相通信和实现资源共享的网络体系……想必看完以上解释，大部分人还是没法理解到底什么是 Wi-Fi。如果用费曼学习法，你可以这样说："Wi-Fi 就是可以不用网线也能让你的电脑、手机等设备上网的技术。"这样解释的话，想必大部分人就能秒懂了。

在费曼看来，学习一门新知识的时候，首先要站在讲述者的视角用最清晰、直白的语言描述出来，因此他的学习方法可以概括为"确立目标""以教代学""回顾和反思""理解和简化"四个步骤，这种方法或许在当时比较超前，不太可能得到广泛的应用，时至今日却得到越来越多的人认可，于是成为无数学习者的实用宝典。也千万别觉得原来这么简单，如果能真正有效地运用好这几步，可以让我们学好任何一个学科。

学习和实践是相辅相成的，如果你所掌握的知识只能内化却不能对外输出，这样的学习成果就是低效率和没价值的，你真的愿意接受这样的现实吗？当然不，**你应该调动你的全部潜能，合理利用大脑丰富的想象力、透彻的解析力、充满想象的描述力来盘活知识，这样才能真正达到学以致用的目的，用被你灵活驾驭的知识去改变世界。**

本书深度解析了费曼学习法的精髓，结合其他知名的阅读方法、记忆方法以及心理学等知识，构建出一套体系完整的学习理论，面向全年龄段的学习人群，通过丰富的案例、专业的指导和细致的讲解，涵盖预习、复习、自学、做题、阅读、记忆等多个学习场景的应用，每个孩子都能找到最适合自己的学习捷径，也能提升家长辅导孩子学习的能力。

人生没有如果，只有结果。最后，愿每一个在学习之路上艰难摸索的人都能找到前行路上的希望之光，并可以拥有充分相信自己、战胜困难的勇气和力量。愿你的努力不再成为无效的付出，让你的理想能够变为现实的硕果，愿你成为一个不折不扣的真学霸。

目录

第一章

什么是费曼学习法

1. 神奇的费曼学习法的真面目

通常而言，知识有两种类型：第一类知识注重了解某个事物的名称，也就是事物所谓的表象特质；第二类知识注重了解某件事物，也就是事物的内在规律和启发意义。而我们大部分人往往都会关注和停留在第一种类型上，而忽略第二种类型，因此会导致不能深入理解知识的深层维度，机械式记忆的知识很快就会遗忘，无法融会贯通建立自己的知识体系。而费曼学习法可以有效地解决以上问题，它不仅可以让我们快速深入理解知识点，且记忆深刻，不易忘记，同时能使自己"以点带面"，形成更牢固的知识体系。

了解费曼学习法之前，我们先来看一个案例：

看过辩论类综艺节目《奇葩说》第六季的人，想必一定会记得"学霸型辩手"哈佛博士詹青云，她超出常人的记忆力给很多人留下了深刻的印象。节目中她对古今中外的历史事件、文学名著等，可谓信手拈来，知识面大得惊人。连清华高才生杨奇函都输给她，称心服口服；"辩论鬼才"傅首尔评价她，"听青云辩论就像被风亲吻"。

据说，她四五岁时就能在家庭聚会时把四大名著声情并茂地讲出来。或许，有人会把詹青云归结为"神童"，纯粹是天赋异禀而已，但事实并非如此。詹青云表示，她出色的记忆不是天赋使然，而是通过一个不爱读书却喜欢听书的朋友"开发"出来的。原来，詹青云为了让朋友听到精彩的故事，自己首先会熟读书籍，然后用自己的理解和表达对语言进行加工，力求让朋友听得通俗又有趣，时间一长，她自然就对这些作品烂熟于心了。

或许詹青云没有意识到，她在不自觉中打开了一扇提高学习技巧的大门，这扇大门就叫费曼学习法。

费曼是何许人也，先来盘点一下他的各种头衔：24岁获得物理学博士，并加入"曼哈顿计划"，同时成为普林斯顿大学物理学教授；是第一个提出"纳米"概念的人；1965年获得诺贝尔物理学奖，提出了费曼图、费曼规则和重整化的计算方法；被称为"爱因斯坦之后最睿智的男人"……除了学术成就之外，费曼还是一位教育界的明星，他是美国加州理工学院深受欢迎的教师之一，由他撰写的《费曼物理学讲义》堪称物理学界的宝典，至今仍然被无数人追捧。

估计很多人被费曼的履历吓坏了，没错，这位"大神"不仅是一位硕果累累的学者，更是一位桃李满园的传道授业者。

费曼一直坚持认为，如果不能把一个学科概念通俗易懂地讲给新生听，那就证明他自己也是似懂非懂的。或许，费曼的教学理念来自老师的影响，他的老师曾说："一个人只有通过教学，才能真正学会什么。"

费曼学习法之所以得到大多数人的认同，是因为这种方法对学习记忆具有奇效，而记忆是掌握一门学科的基础和前提。况且费曼学习法的精髓并非机械式记忆，而是理解吸收后的形象记忆，而想要完成这个目标，就必须通过教学的方式把知识点讲给别人听，让自己完成从学习者到传授者的角色转换。（如图 1 所示）

图 1　角色转换图

需要注意的是，费曼学习法并非一套系统的学习理论，费曼本人没有将其理论化、系统化，只是提出了一个简单易懂的学习模型，而其正确性和实用性都是在后人的学习和实践中被逐渐证明的。

目前，流行的学习方法多如牛毛，有把知识点拆分逐一攻克的"西蒙学习法"，有侧重提高阅读技巧、巩固知识的"SQ3R阅读法"，还有依托时间管理的"番茄学习法"等。不过，费曼学习法的接受程度一直很高，这主要还是和它的"没有理论胜似构建理论"的易用性有关。

为什么这么说呢？

以"番茄学习法"为例，它强调通过科学严格的时间表来完成学习任务，比如"25 分钟学习 +5 分钟休息"的模式，听起来也是通俗易懂，但实践起来却十分考验人的自律性，对于天性喜欢玩耍、坐不住板凳的熊孩子来说未尝不是一种折磨，所以它更多地被应用在企业的人员管理方面，这是因为实施对象是成年人，他们相比孩子自律性更强，而且有 KPI（关键绩效指标）作为压力，所以更容易实操。相比之下，费曼学习法就显得十分亲民，受众面非常广泛。

2016 年，来自湖南农村的何江一夜走红，他站在哈佛大学毕业典礼的讲台上发表了演讲，媒体很快用"母亲的无心之举，造就儿子的未来"作为传播关键词，于是很多人心生好奇：何江的母亲到底做了什么无心之举呢？其实何江有和詹青云相似的经历：母亲要求他每天回家后朗诵当天的课文，随后还会和儿子探讨课文的内容，此外还要求何江与弟弟一起学习、共同讨论读书心得，并以此来帮助弟弟。在哥哥的鼓励下，弟弟学习成绩也很优秀。

为什么何江的经历引起大家的关注呢？因为他成长在普通的农户之家，没有接受精英教育的环境，他的母亲用一套朴素的、没有知识门槛的学习方法引导儿子走上了成功的舞台。何江母亲所用到的学习方法，不正是费曼学习法的核心技巧吗？！

费曼学习法戳中了中国人最关注的两个点。

一、教育子女的门槛问题

大部分家长都清楚学习方法的重要性，也知道家庭教育是学校教育的重要补充，但这里存在两个比较尴尬的现实：有心无力与有力无心。有心无力，是家长有时间也有意愿去辅导孩子学习，但他们的知识水平有限，对待低年级课程或许能够勉强应付，但面对高年级课程就两眼一抹黑了；有力无心，是家长有辅导孩子的知识水平，但他们忙于工作、应酬等其他事务，抽不出时间去教育子女。当然，二者兼而有之的也为数不少。何江的"教育奇迹"让很多家长看到了希望：原来让孩子掌握一套学习方法未必需要高深的理论基础和丰富的实践能力，只要愿意抽出一点时间，就可以用"大道至简"的方法提高孩子的学习成绩。

除了学习成绩，家长关心的另一个问题就是孩子的人际交往，因为这关系到他们长大成人后的社会生存能力，而费曼学习法也涵盖了这方面的训练。

二、人际交往与沟通能力

有人认为，当代青少年在人际沟通方面普遍存在问题，比如自我意识过强、不懂得社交法则等，甚至比他们大一些的年轻人也争相给自己贴上"社恐"的标签。的确，学习是一件很个体化的事情，虽然老师传授知识时存在互动环节，但很难覆盖到所有学生，离开学校后，一些家长也不具备辅导孩子功课的能力，导致很多孩子常年单枪匹马地学习。但是"费曼学习法"

的核心是通过复述的方式强化对知识的记忆和理解，这个过程要依靠向他人讲述和交流才能完成，打破了"学习是一个人的事情"的壁垒，把人们从学习的隔间中拉出来，聚集在一起遨游知识的海洋，甚至完成了一次亲子活动，对于锻炼人的表达能力、社交能力都作用显著。

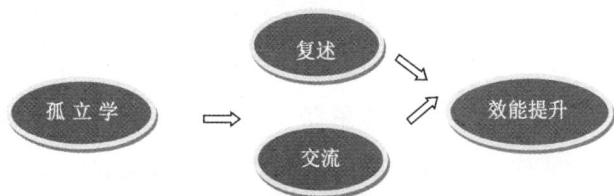

图2

看到这里你应该明白了，费曼学习法带给你的不仅仅是一种学习技巧，还有其他多项能力的提升，让你成为一个综合素质过硬的真学霸，而非那种高分低能的应试高手。那么它到底能强在哪儿呢？接着往下看就知道了。

强大技能1：你将找到更简便易用的学习方法

学无止境，不论是学生还是上班族甚至是成功人士，都需要不断完善自身的知识体系，从而更好地应对考试和职场的需要。然而随着年龄的增长和学习环境的变化，人们的学习效率在自然状态下是走低的，毕竟没有老师的督促和考试的压力，同时也更容易被外界所干扰，所以大家都急需一种更简单、高效的学习方式。费曼学习法虽然在复述、讨论等方面要花费一些时间和精力，可一旦完成这个环节，知识就能在你的头脑中扎根，学生不必再反复死啃书本，上班族不必再牺牲过多的休息时间，成功人士不必再消耗宝贵的精力。你会拥有比同龄人更强的竞争力，不必担心被社会淘汰，因为掌握学习方法的人能够持续地武装头脑，不断获得各种全新技能。

强大技能2：让你更接近学习的本质

我们每个人学习知识的时候，其实就是接触和了解新事物的时候，但是这个新知识和事物一定不是凭空产生的，一定会和自己所了解掌握的知识体系有一定的关联。认知心理学揭示过这样一个原理：我们大脑对知识的存储，是通过节点＋连线的方式组成，从而构成了一整个网络。因此我们可以得出：学习的本质，就是信息之间创建连接。而费曼学习法可以让你在"教学"的过程中，快速以自己现有的知识、思维方式去撬动和掌握新知识，同时可以巩固所学习过的知识，因此它可以让你更接近学习的本质。

强大技能3：你会变成"六边形战士"

你的人生起点或许在学校，但你的终点往往是在更广阔的社会里。不论你是学生还是上班族，你都可以通过费曼学习法循序渐进地锻炼出强大的逻辑思维。因为讲清楚一个知识点需要严密的逻辑，它会促使你把原本零散的知识点重新排列，形成知识体系并总结出相关规律，久而久之就会增强你的信息整合能力。为了达到这个目标，你会充分调动自己的想象力、沟通力、表达力等能力，你或许会突然发现自己是一个演讲高手，也可能发现自己有表演才华，而这些都是附加的惊喜，即便没有这类意外收获，最起码你也能锻炼出严谨的思考方式和高效的学习方法。

费曼学习法的神奇之处，并不仅仅局限于对学习效率的提升，它会让我们发现，学习并非只是一个记忆、理解、应用的固定过程，而是具有自主、交流、分享等多元化的方式。你可以通过教学和探讨寻找志同道合的学习同伴，扩大社交圈子，让他们成为你未来人生道路上的同行者、支持者、引导者，由此发现一个愈加精彩纷呈的世界。

2. 简单几步就能搞定学习

相信很多人都会关注一个问题：什么是好的学习方法？

其实，"好"是一个抽象概念，不同的人有不同的理解，但是一种能够适用于大多数人的学习方法，必然是易于理解、易于上手的，是可以提升学习效率的。费曼学习法就是典型的代表，它"好"到只需要简单的四个步骤就能让人理解其精髓，而这四个步骤对应了四个关键词：Concept（概念），Teach（以教代学），Review（评价），Simplify（简化）。下面，我们就一一讲述这些关键词是如何转化为不同的学习步骤的。

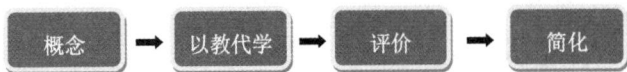

图 3

第一，概念——以确立学习目标为前提

身为一名教培从业人员，笔者经常能遇到一脸懵懂的学生问我："我想学习，可就是不知道从哪儿开始。"一般我会这样告诉他："你是想学习函数解析式还是想学应用文写作呢？不要把'从哪儿开始'想得那么抽象，越具体越好，这样你才能找到学习目标。"当然，我还会告诉他们：提出这些目标的时候，必然有一些弄不懂的问题，比如解析式如何求解，比如商务邀请函的写作格式，那就把这些概念或者难题写下来，这就是你要攻克的概念。简单说就是，先确立学习目标，然后在学习的过程中去理解目标中包含的概念，当这些概念被你逐一消化之后，就完成了你的学习目标。

就笔者的经验来看，很多学生知道自己的学习目标是什么，比如数学应用题解得差、英语口语不过关等，但对概念往往是模棱两可。所以我会告诉他们："你一遇到应用题就发蒙，大概率是因为对例题没吃透，对公式没有做到举一反三，那么这些例题和公式就是你要解决的概念。"如果你是自学者，没有老师可以询问，那也可以通过书本上的目录划分和导读等内容，大致了解知识重点有哪些，这些就是未来你要弄清的概念，吃透了它们，才能帮助你完成学习目标。

确立目标和理解概念是不可分割的：有人重视目标轻视概念，其结果就是知识体系充满了漏洞；有人重视概念轻视目标，其结果就是单个知识点掌握得扎实却无法构成完整的知识体系。因此，只有树立起"先立目标再攻克概念"的学习逻辑，才能系统性地、循序渐进地掌握一门知识，增强学习的"获得感"。

第二，以教代学——把知识复述（传授）给他人

确立学习目标并消化概念以后，接下来要做的就是通过阅读理论、做练习题将知识一步步掌握得轻车熟路，然后复述给别人听，对方可能是一个门外汉，基础知识几乎为零，而你复述的最终效果就是能快速教会对方。

把知识传授给他人，就是模拟教学的过程，即便你没有当过老师，那总当过学生吧？你应该知道老师在讲课之前是需要备课的，因此"以教代学"包含备课和讲课两个环节。

在备课环节，你要把自己想象成第二天就要走上讲台的老师，认真梳理你要传授的知识，划分其中的难点、重点和考点，同时预测一下"学生"可能会就哪些内容提问，然后在教材或者笔记上面标注出来，同时考虑好如何解答。

在讲课环节，你就成了一个对着"学生"上课的"老师"了，你可以根据知识内容设定课时，比如30分钟或者45分钟，具体时间一般没有硬性要求，但不能太短，比如十几分钟就很难讲述一课时的内容。同样，时间太长的话也会消磨"学生"的耐心并增加自己的备课压力。

第三，评价——查找漏洞，归纳总结

在你传授知识的过程中，对方大概率会有听不懂的地方，你不能将责任归咎于对方缺乏知识基础，而是要在自己身上查找原因：是否对基本概念有了错误的理解，是否在讲述时选用了错误的术语等，通过查漏补缺重新学习，整理好教学思路之后再重新解释给对方，以完成"教学目标"。

查找漏洞，其实就是一个回顾知识的过程，它会让你发现，自己在讲课时并没有备课时那种"胸有成竹"，毕竟备课时你不需要面对学生，甚至还没有意识到自己对某个知识点的误解。另外就是初次授课的时候，虽然"学生"可能只有一个，甚至是你最亲近的人，但这种初为人师的身份转换多少会让人紧张，让你的思考和表达都出现错乱，发生不通顺、卡壳等问题。这些都不是什么大问题，当你多讲述几遍之后就能获得改观。

第四，简化——通过类比让表达通俗化

人们常说会类比的都是高手，比如关于函数的问题，你可以用一把兵器去解释"库函数"和"自定义函数"这两个概念：一件兵器在闲置不用时入库，打仗时再拿出来，这就是库函数；一件兵器需要自己按照图纸一步步去打造，这就是自定义函数。这样的解释通俗易懂，说明你理解了这一对概念的定义和关系，正如爱因斯坦所说："如果你不能简单地说清楚，证明你还未完全明白。"而我们如果把这句话倒叙一下就变成了"只有深刻理解才能直白地解释"。

所谓"类比"，就是将知识点迁移到自己熟悉的领域，用

最通俗易懂的方式去讲述，也就是当你在查漏补缺之后，对知识的理解提升到了新的高度，完成了知识迁移，这时才具备了真正向"学生"形象讲述概念的能力。比如在解释"干细胞"这个名词时，如果用"原始未特化""再生各种组织器官"等词语去讲述，很难让人明白，特别是缺乏生物学知识基础的人，毕竟它是微观层面的事物，不如解释成"干细胞就像是一块橡皮泥，可以被捏成各种形状，在捏的过程中就会不断分化，最后得到的成品就是各种组织的细胞"。

以上四个步骤听起来简单，可有些人在实操时依然会犯难，因为他们可能具备一定的自学能力，但如果用深入浅出的方法简化知识内容就显得心有余而力不足了，事实上，"简化"也是费曼学习法中的难点所在。它可以让信息形象化，帮助学习者完成知识迁移。为了更好地训练我们类比事物的思维，不妨先看一下费曼的父亲是如何"简化"知识的。

费曼的父亲是一个军服推销员，只要一有空，他就会给孩子讲百科全书里的故事，当然书里肯定涉及了不少晦涩难懂的词语，对于不认识字的孩子来说简直就是在听天书，但是费曼的父亲却擅长将抽象的概念形象化。比如在讲到霸王龙时，百科全书的描述是：霸王龙身高20英尺，头部有6英尺宽。书中描述得十分精确，但对于一个儿童来说，"英尺"是一个需要理解的概念，而理解"20英尺"更需要生活经验的帮助。不过，费曼的父亲没有用英尺去机械地讲给孩子听，而是这样解释的：假设霸王龙在他们家的院子里做展示，它的头能伸到窗户那么高，却伸不进去，因为它的头太宽了。你看，这样的形象描述，让孩子通过熟悉的家来对比霸王龙的身高，理解起来就容易多了。

类比

信息形象化
知识迁移

图 4

做好"简化"这一步骤，离不开"以教促学"的预演，因为教学过程一定不能照本宣科，更不能似是而非地讲述某个概念，而要从对方的思维特点出发。同样，"简化"中用到的类比，也不能是机械地套用别人的类比，而要用对方可以快速理解的方式去解释，这就好比你给小费曼讲霸王龙的身高，用的参照物却是你家的房子，那他当然无法理解了。

费曼就是一个坚持从自我视角出发的人，他从童年时代就养成了习惯：无论看什么书都要融入自己的理解。费曼身体力行地告诉我们：填鸭式的教学，无论对传授者还是学习者都是不利的，大家很可能只是象征性地"教会了"和"学会了"，并没有真正掌握。

学习刻苦固然重要，可如果方向错了，越努力就越远离终点。所以我们无论作为老师、家长还是学生，都应该用高效的学习方法吸收并巩固知识，通过自己的思维加工，把知识深入浅出地讲述给其他人并确保对方理解清晰，这才意味着我们抓住了知识的精华并能为己所用。

3. 学习的本质就是用脑的技巧

科学研究证明，除去极个别的案例，大多数人的智力水平差异不大，但是在学习成果上却有着天壤之别，究其根本还是学习方法的差异造成的，进一步阐述就是用脑技巧的差异。就笔者了解的学生来说，他们的智商差距真没多大，甚至有些学习差的"问题孩子"似乎更加聪明活泼一些，而一些学习好的孩子倒看上去"循规蹈矩"的，所以差就差在会不会学习上。

学习方法是你如何获取、巩固、输出知识的方法，而用脑技巧是如何让大脑在这个过程中发挥作用。打个比方，你能熟记一百道菜谱并能灵活运用，这就是学习方法，烹饪出的饭菜就是学习成果，但产生这个成果之前你还要具备基本功——刀功、投料、火候等，而这就是你的用脑方法。没有它，你的学习方法就会被拖后腿，自然也不会产生学习成果。

关于如何科学用脑，不同的学习方法有不同的侧重点，如果立足于费曼学习法，主要涉及三个方面。

一、正确选择思维模板——研究学习目标的工具

费曼学习法的第一步是确立学习目标，听起来容易，但面对浩瀚的学习资料时，不懂得筛选的人可能会设立过多、过滥的学习目标，这就需要我们选择正确的思维模型作为学习工具。

1996 年，一个叫莱克夫的人提出了一个有趣的观点：人类有两个基础思维模型——**严厉思维和慈爱思维（也被称为严父思维和慈母思维）**。该模型源于人类社会的基本单位——"家庭"。严厉思维认为小孩需要管教才能成为有责任心和道德感的成年人，一旦孩子长大后就不能再干预他们的生活了；慈爱思维则主张父母对子女应当细心呵护，让他们远离社会上的阴暗面，保护他们健康阳光地成长。总的来说，严厉思维提倡个人奋斗，而慈爱思维强调集体和谐，它们是我们认识世界的基础思维模型，几乎任何思维方法都能从中找到影子。因此，在我们确立学习目标之前，要选择其中一个思维模型作为学习工具，就像根据不同的螺母要选择不同的扳手一样。

要说莱克夫这人可不简单，他是认知语言学（是多种认知语言理论的统称，主要特点是把人们的日常经验看成语言使用的基础，着重阐释语言和一般认知能力之间密不可分的联系）的祖师爷，还曾任美国前总统奥巴马的幕后高参，有着资深学者和高级幕僚的双重身份，所以他提出的严厉思维和慈爱思维很值得我们研究，下面我们就来具体分析一下。

严厉思维是从实际出发来验证知识的正确性、适用性和持久性，对书本和作者以丛林法则的视角来审视，一旦发现某个地方不能被现实所用就要进行修改甚至完全否定。这种思维方式的优势在于能够快速地锁定学习目标，把那些尚未定论的信息暂且丢到一边，能够让人更加重视知识和经验的实用性，对锻炼观察能力、分析能力和审美能力都大有裨益。当然，这种思维的缺陷在于，过于追求实用性，功利性较强，对于构建相对完善的知识体系来说有阻碍作用，因为从实践的角度看，有些知识和经验未必能进行可重复性的验证，甚至仅仅是停留在推理或者假说的阶段。

慈爱思维对书本知识和作者秉持着包容的态度，不会严格要求作者表达的信息要被精确证实，而是尝试从对方的角度去理解他们发表观点的根源，然后将自己的知识储备和对方相融合，催生出新的观点和思想工具。这种思维方式的优势在于，不以质疑或否定为主要手段，而是以兼容为工具，取他人之长补己之短，能够较为全面地认识世界并掌握他人的思维方法。当然，这种思维的缺陷是在特定时间内对知识的现实转化率较低，不能尽快地应用于实践，往往是停留在理论层面，对于重大分歧的认知不能建立指向性更强的思维模式。简单来说，就是因为中庸而不会态度鲜明地支持某一方。

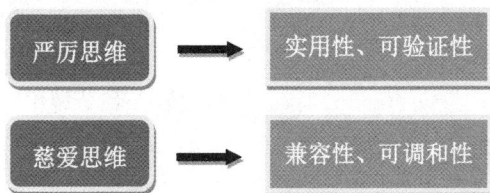

| 严厉思维 | ➡ | 实用性、可验证性 |
| 慈爱思维 | ➡ | 兼容性、可调和性 |

图 5

无论是严厉思维还是慈爱思维，二者并没有高低对错之别，人们应该根据不同的学习对象有针对性地选择适合自己的思维模型，通常可以从两个方面入手：要么了解作者是以何种思维写作的，要么了解书本的立意采用了何种思维。

以尤瓦尔·赫拉利的《人类简史》为例，作者就是典型的严厉思维，当你再去阅读作者的其他图书时，会发现他所秉持的观点都是苛刻严谨的，比如他强调的"认知革命""去人类中心主义"等。为了契合作者的思维，你就要用严厉思维去理解这本书传递的知识和信息。而你的学习目标就要明确核心概念，对相悖的概念要本着批判性的态度，这样才能真正理解作者的核心观点，否则你学习到的只能是碎片化的知识和信息，无法对人类的进化和发展产生整合型的认识。

当然，严厉思维也并非适合所有书籍，比如《游戏剧本怎么写》这本在游戏圈比较出名的图书，讲述了编写游戏剧本的技巧，同时对电影、动漫等行业的角色设计也有一定的启发作用，那么慈爱思维就是适合阅读和学习这类书的思维模型。因为该书的立意是包容的、开放的、发散的，不强调权威性，而是注重经验的交互与分享，目的是给大家提供更广阔的创作思路，可以效仿借鉴，也可以颠覆重来。

二、批判性阅读——助推"以教代学"和"评价"两大环节

很多学生都说美国的高考 SAT 或者 ACT 的阅读很难，主要难在批判性阅读上，而这也是美国在英语阅读教育上提出的一种理念，因为在一些国家看来，检验学生是否具有较强的学习能力，批判性阅读是一个重要指标。其实，批判性阅读就是和"略读""粗读"相反的一种阅读模式，它要求学生深入去理解文章的内容、结构以及核心思想。

这里需要说明一下，虽然严厉思维中也存在批判性阅读的成分，但它的核心并不局限于批判，而批判性阅读是针对所有图书、思维模型的知识产物，从高度和跨度上有很大不同。从参与感的角度看，**批判性阅读是让学习者高度参与到学习知识的过程中，而不是作为一个被动的"知识吸收体"。学习者应当通过积极的思考去和书本知识互动，了解书本知识的精华而非停留在表面**。如果我们在学习知识时缺乏批判性思维，那么我们的大脑充斥的是别人的思维，我们的学习不过是一个简单重复的过程，缺乏创造性。

当我们进入学习状态后，我们的大脑很容易被动地跟随着书本知识、作者的思路走，所以有时候会产生"我已经懂了"的错觉。因为我们的大脑此时是别人的思想容器，而一旦形成这种被动接受的思维方式，会让我们的大脑失去思维能力，就像一根弹簧被长期拉伸或者压缩而失去弹性一样。我们不能沉迷于这种基本的满足，必须不断回想被我们吸收的信息，反复了解它们，才能让它们在我们的大脑中生根发芽，这样才具备了传授知识给他人的条件。同样，我们在查漏补缺时，也只有批判性地审视自己的学习效果，才能真正发现漏洞，提升传授知识的水平。

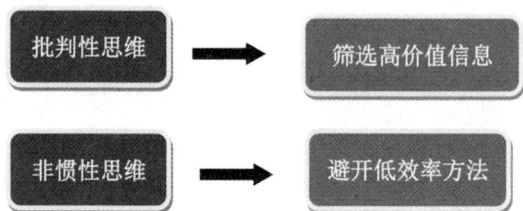

图 6

三、打破惯性思维——为"简化"创造思考条件

当我们在阅读相似信息时会下意识地采用惯性思维思考，这其实是我们的大脑在偷懒，因为相似并不代表相同。或许只相差1%，但这1%也会产生质的不同。由于我们会想当然地用相同的方法去处理两个相似的事物，结果就成了无法解开的难题。要想避免这种情况，就要习惯在自己产生惯性思维之后马上反驳自己。

看完这三条，估计你的脑子也有些转不过弯了，那我们就举个例子说明一下。这个例子就是我们熟知的"曹冲称象"的故事。

如果用惯性思维去称象，最先想到的就是用一个足够大的秤去测量大象的重量，然而实际困难是找不到足够大的秤。于是常规思维就陷入了困境，衍生出"把大象切成块分开称重"这样看似"简化"问题实际是在恶化问题的解决方案。但如果打破惯性思维，不去为难工匠和大象，把重点放在"大象的等重物"和"秤的替代品"上，就会用石头和船去称，从而轻而易举地解决了问题。

惯性思维对应的是固定型思维，它无法激发一个人的潜能，会让人依赖经验解决问题，但经验的载体往往是案例，是复杂的甚至是无规律的。而非惯性思维对应的是成长型思维，它能提高人的智力和潜能，把复杂的事例简化为理论、公式和法则，这正符合费曼学习法简化环节的精髓。

归根结底，费曼学习法只是一个基础形式的内容，它能教会你如何高效地学习，但具体如何完成每一个步骤并没有做细致说明，这就需要我们训练自己的大脑，以科学的方式接收信息。由于人的心智会随着年龄的增加不断发展，不会像身体那样随年龄的变化而变得衰老，所以，只要我们不断通过学习来强化大脑，保持大脑的活力，不让它变得僵化，我们就能够不断挖掘自身的潜能。

4. 从今天起，爱上费曼学习法

当你了解了费曼学习法的核心与精髓之后，你可以不必再把它当成一种高深的理论，而是转化为你所用的实践工具，这样你才有理由爱上它——它真的能帮助你解决学习中遇到的问题。

费曼学习法被称为"世界上公认的最好的学习法"，这可不是徒有虚名，是因为它能让不爱学习的人在掌握这种方法后，产生一种"怦然心动"的感觉：原来学习这么有趣啊！可能你倔强地表示不信，那么接下来就请你抛弃现有的身份，进入三个假想角色中，去领略一下费曼学习法的魅力。

现在，假设你是一名高中生。

你才上高一，面临着严峻的升学压力，第一次月考时成绩十分不理想，甚至数学都没及格。对你来说这是沉重的打击，那么你该如何用费曼学习法走出困境呢？

众所周知，数学习题的分析过程很难掌握，对于学霸一眼就能看出来的解题思路，在学渣眼中就难于登天。所以，你要解决的一个难点就是知识的扩散能力，也就是弄懂一道经典例题之后，可以解开其他同类型的题。那么，你不妨试试"复述"的办法，当然这里所说的复述不是机械地用语言复述一遍题目，而是在脑子里复述一遍课本中的考点和解题思路，比如三角函数的基本关系和诱导公式，从同角三角函数的基本关系开始，把平方关系、商数关系和倒数关系的公式背熟。不仅要背，还要多做练习题，如果没有解题思路不妨这样思考：我不是想不出来，而是没有在考点和解题思路之间建立有效的连接，我再试试！于是，你的脑海中就浮现出相关考点，比如利用单位圆中的三角函数线推导出 $\pm\alpha$，$\pi\pm\alpha$ 的正弦、余弦、正切的诱导公式，**通过筛选考点，你才能理解出题者的意图是什么，这样你的思路就能和对方逐渐吻合，就能找到解题的大方向。**

如果你没有经过"复述"这个环节，你就会对基础知识、常见考点十分陌生，做题的时候大脑一片空白，导致思路卡壳。

当然，这个复述、练习过程要持续，你可以找一个同学作为复述的对象，完成"以教代学"的根本目标。如果条件不允许的话也可以找家人替代，最好不要自己教自己，这样会减小你的"备课"压力，只有面对真实的受众才会逼着自己去理解知识点。经过几个回合你就能逐渐熟悉各种题型，一看到题目就能猜到出题者的意图，这种"一眼看穿"的感觉你不想体验一下吗？

图 7

现在，你是一个大学生。

在费曼学习法的帮助下，你终于完成了高中时代的学习任务，如愿以偿地进入了理想的大学，不过你对费曼学习法依然有"不够尽兴"的感觉，那就是"以教代学"的"成就感"不强。这也符合现实情况：高中生课业压力繁重，很难找到那么多愿意当学生的同学，所以大多数时候你只能讲给家人听，而他们的学习意愿又不够强烈，也不会提出有价值的问题，对你查漏补缺的倒逼作用稍弱。但是进入大学就不一样了，你有大量的时间安排学业和日常生活，此时你不需要依靠寝室的同学体验"以教代学"，而是可以找一份家教工作，虽然传授的知识和你的大学课本关系不大，却能进一步锻炼你传授知识的能力。

很多大学生都有当家教的经历，他们面对的可能是小学生、初中生甚至高中生。这些都是"货真价实"的学生，他们往往也会提出有价值的问题，考验你对知识的掌握程度以及讲述技巧，甚至随着课本的调整、考点的微调，你还会遇到一些新问题，这些内容未必关联你的专业，却能够拓宽你的视角，更重要的是，能够帮你进一步掌握"简化"这项能力。

简化的核心是形象地类比，当你面对基础薄弱的学生时，这种技能将得到锻炼和提升。做过家教就会知道，不同的学生，对知识的吸收速度和运用速度完全不同，知识盲区也不一样，这就逼迫你要因材施教，而"简化"就是和不同的学生搭建传递知识的桥梁。

比如，你在教小学英语时涉及名词的用法，可面对普通名词、可数名词、不可数名词等的复杂概念时，学生难免会搞混，与其列出表格不如在一张纸上画出树状图，普通名词就是树干，它衍生出专有名词、物质名词等树杈，树杈的枝叶部分就写着名词对应的解释，让你的学生反复画这棵树就能加深记忆。为了避免枯燥，你可以让学生用水彩笔和蜡笔绘画，这样就产生了形象记忆。而这棵"树"对你来说也不要浪费，你可以应用在大学英语的考点上，比如关于语态和时态的考点，这样就有了"一棵树两种画法"的经验，能够有效地训练你的"简化"能力，让你成为别人眼中的"大神"。

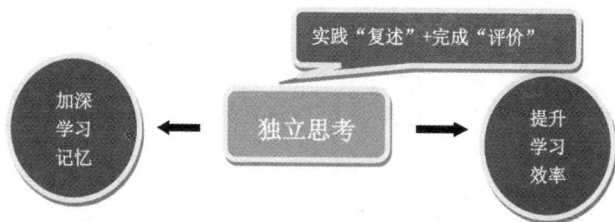

图 8

现在，你是一个家长。

结束大学生活，你进入社会，拥有了工作和家庭，日月如梭，你已经为人父母，此时你最在乎的就是孩子的学业，你可以继续用费曼学习法来帮助孩子提高学习的效率。在这个过程中，你不会再扮演一个"复述者"，而是要成为一个"引导者"，在这个阶段帮助孩子总结知识点并查漏补缺。

你应该知道，题海战术可以推荐，但不能迷信，因为题目是无限的，人的精力是有限的，在题海中找出薄弱点才是主要目标。比如你的孩子在语文写作上能力欠缺，他认为是词汇量不够造成的，就疯狂积累成语和排比句，但通过你对孩子的了解会发现，孩子最缺乏的是阅读量，缺少引人入胜的叙事方式，盲目地提升文采只能写出华而不实的文章。那么，当你找到这个薄弱点之后，就要引导孩子进行针对性的训练，让他多阅读名家作品，并尝试用自己的叙事方式讲给你听，这样你就引导孩子完成了"复述"的学习环节。

查漏补缺和知识总结是相辅相成的，对应了费曼学习法的"概念"和"评价"两部分。家长要多多引导孩子深入思考，让他们不要满足于一道例题、一篇例文的学习成果，而要大胆地表达自己的看法，敢于对课本或者老师提出疑问，养成独立思考的习惯，这对于加深学习记忆和提升学习效率都有显著的效果。

笔者有个上初三的小侄女，在我的推荐下接触了费曼学习法。有一次我去她家串门，看到她趴在桌前整理错题，我问她："这道题为什么做错了？"她说是正弦定理用错了，我装作不懂地问她什么是正弦定理，她就一本正经地给我讲了起来，后来我装作不懂地问她："叔叔脑子笨，能不能换个更易懂的方式讲给我听？"她先是对我投来了"同情"的目光（意思是我很笨），然后拿起了三角板，通过画图的方式又给我讲了一遍，最后得意地说："以后不懂就再来找我哈！"

后来，通过她妈妈我了解到，她现在特别享受给人讲题的感觉，虽然偶尔还会因为马虎做错题，但数学成绩相比之前提高了一大截。我想，这就是爱上费曼学习法的最美馈赠吧。我们爱上费曼学习法，是因为它可以让我们的学习过程得以量化。在"概念"环节，我们能清晰地列出学习目标；在"以教代学"环节，我们可以罗列出复述的重点；在"评价"环节，我们可以查找漏洞；在"简化"环节，我们可以归纳需要形象表达的难点。正因为实现了思考的量化，我们才容易找到学习瓶颈的突破口，还能推算出攻克它们的难度和进度，形成系统化的学习安排，并通过自己和他人的反馈来验证学习成果。

第二章

学前准备：兴趣是最好的老师

1. 兴趣构建：三分钟让你从厌学到上瘾

当你在为自己无法"沉浸式"学习而烦恼时，当你在为自己体会不到"快乐式"学习而痛苦时，你是否想过，原因可能不在学习本身枯燥无聊，而是你没有从中发现隐藏的乐趣？

爱因斯坦曾说，兴趣是最好的老师。看看那些伏案"乐读"的学霸，他们的脸上总会表现出学有所成的快乐感和乐在其中的沉浸感。没错，因为他们养成了浓厚的学习兴趣，在兴趣的引导下才有了强烈的求知欲，进而考出了优异的成绩。但是，除了学霸之外，普通人就不配拥有学习的兴趣了吗？

费曼有一位艺术家朋友，他曾经拿着一朵花对费曼表示：艺术家可以欣赏花的美丽，但是像费曼这样的科学家就只能剖析花的结构，把花变成完全无趣的东西了。这种观点在费曼看来是狂妄和固执的，他认为自己身为科学家，反而能够在花中发现更多美妙的存在，比如在花的细胞里那些复杂而美丽的运动，花为了吸引昆虫授粉而进化出的鲜艳色彩。

只有艺术家才能欣赏花的美，这就像是只有学霸才能找到学习兴趣一样失之偏颇。在兴趣面前，人人平等，你之所以还没有产生兴趣，其实是你主动放弃了寻找学习乐趣的权利。

从某种角度看，费曼学习法其实是一种"自得其乐"的学习方法，它能让人充分体验"自己教会自己"和"自己教会他人"的乐趣，能够培养一个人积极主动的学习习惯。那么反向思考，我们就要把学习中被动的、消极的因素转变成为主动的、热情的积极因素，这样我们就找到了两个切入点。

被动心态——学习是一件不得不做的事情

我们是否喜欢做某件事，有时候并不取决于事情本身，而是我们完成某件事带来的快乐。比如，你喜欢游泳，提出要求后，父母欣然带你去游泳馆玩耍一天，于是你体验到了与水交融的欢乐时光，这是因为你主动向父母提出了要求。但是，如果某一天你并不想运动，父母却自作主张地带你去游泳馆并给你安排了任务：游30个来回才能回家。纵使你喜欢游泳，纵使你能够完成这个任务，但玩水的快乐感顿时被削弱了不少，因为你从主动享受游泳的乐趣变成了被动完成游泳的任务。

笔者见过不少学生，平时生龙活虎，一提到学习就顿时萎靡不振，仿佛背上了沉重的压力，为此还特意问他们：学习真的很可怕吗？令笔者惊讶的是，很多孩子表示自己并不讨厌学习，只是本能地认为自己要去完成一项"艰苦卓绝"的任务。

如何解开这个心结呢？我们不妨换一种思路：学习并非一件不得不做的事。有人可能会说：不学习，会被老师批评，会被家长责罚，会被社会淘汰。没错，可即便如此，他们难道还能把刀架在你的脖子上逼着你完成学业吗？就算你因为学习成绩不佳而没有考上理想的学校，也可以进职业技校、大专，再不济你也可以想办法做点小生意……你的出路未必只有求学深造这一条，总之你要明确一件事：学习不好并不会让你活不下去，也不会让你的人生一无是处和走向失败。虽然这么说有些过激，但事实的确如此。

只有正视学习与人生的关系，我们才能更好地卸下心理负担，以坦然的心态去面对学习，从根本上打消厌学的心理：既然不是非做不可，那又何必讨厌它呢？

消极心态——对学习缺少热情

好了，我们消灭了被动心态，再来看看另一个困扰我们的心魔——消极心态。消极心态对学习的阻力也蛮大的，它主要表现为"学习是一件枯燥无聊的事情"，简言之，即便有些人克服了被动心态，能够主动地进入学习状态，可他们面对的问题是"我知道我该学习，可我就是无法沉浸其中"。其实，这个问题的症结在于你是否树立了明确的目标。正确的目标，可以成为我们前行的指路明灯，还可以激发我们的求胜欲，而欲望所产生的力量往往是难以抗拒的。

一个喜欢拼装模型的人，耗费数天时间把几百个零件拼装成一辆汽车、一座大楼，客观地讲，拼装的过程难道就不无聊枯燥吗？按照编号找出对应配件（可能有若干个相同的），再把配件一个个拼起来（大量的重复过程），最后还要自己上色（漫长单调的喷涂步骤）。但如果你问这些拼装爱好者会不会感到无聊，相信他们都会给出否定的答案，道理很简单，他们从拼装的那一刻开始就给自己树立了目标——完成一件精致得让人喜欢的成品。很多在某个领域取得不朽成绩的伟人，一定是能从那些在别人看来枯燥乏味的知识中找到属于自己的乐趣，以及日复一日地坚持，例如爱因斯坦、牛顿、霍金……皆是如此。

因为目标明确且让他们倍感愉悦，所以这个过程也就不再枯燥无聊了。

同理，学习也是如此，当你只盯着眼前重复单调的学习步骤时，的确没有太多乐趣可言。可如果你想象一下，在考试取得优异成绩后会得到老师和家长的赞扬，想象一下同学羡慕崇拜的眼神，想象自己走上讲台接受掌声的样子，这不就是在完成你的"人生拼装模型"吗？而且，这些还只是小目标，你还可以树立更远大、更能激发你学习潜能的目标，比如成为一个出色的建筑工程师或者成为一个空间物理学专家，在这些目标的引导下，你会在学习的过程中找到更多的乐趣。

当你克服了被动的、消极的学习心态以后，就会掌握如何以主动的、热情的心态去使用费曼学习法。准确地说，从这一刻开始，你才有资格、有能力、有信心去驾驭它。

找到切入点以后，下面我们要做的就是如何在以教代学的环节中把学习兴趣提升到最高点。

图9

去创造新的"教学"情境

在以教代学这个环节中，我们会复刻老师传授的知识，也会不自觉地"复刻"学习知识的环境。比如在讲授数学课时，你会下意识地想起老师照本宣科切入正题时的情境，虽然知识是新的，可教学情境却是陈旧的，让你在转述知识时会觉得枯燥无聊。那么，你不妨主动改变被你复刻的学习情境，找一个风景优美的公园，一边感受鸟语花香一边传授知识，还可以结合情境提出有趣的问题，比如在讲述相似三角形的应用时，你可以指着不远处的一条小河说："能不能不过河就测出河水的宽度呢？"你也可以拉着小伙伴来到树下问："能不能不上树就测出树的高度呢？"这样一来，你就主动改变了原有的教学情境，提高你讲授新知识的兴趣，让你的"学生"积极地、兴致盎然地产生思考。

体现教学的艺术

以教代学是枯燥无聊的吗？答案取决于你的教学艺术。如果说教学情境能够帮助你导入课程，那么教学的艺术会帮助你让"学生"更好地掌握知识，特别是对于那些晦涩难懂的内容。作为讲授者，你可以不必复制老师的授课方式，而是从中抽取出知识要点，用你能理解和驾驭的方式去传授，达到深入浅出的目的，从而让你的"学生"带着兴趣学习。比如在讲述同类项这个概念时，你可以设置一个"找同类项小伙伴"的游戏，事先准备好可以配对的同类项卡片，发给在场的人，每个人都根据手中的卡片寻找同类项朋友，而那些非同类项的朋友就要被挤出原来的位置，"可怜巴巴"地去寻找和自己匹配的对象。当然，这个游戏并不受人数限制，哪怕你只有一个"学生"，也可以用公仔、人偶来充当虚拟伙伴，这样会活跃"课堂气氛"，让你在身心愉悦的状态中教学。

图 10

让"学生"把学习从被动接受变为主动吸收，就能产生良好的教学效果，也会让你在以教代学的过程中真正体验到沉浸式和快乐式的教学成长。

兴趣是什么？它是一种积极的学习情感，是左右一个人学习态度的关键，是推动智力发展的重要心理条件。我们要做的不是苛求兴趣降临，而是通过"刺激"和"引诱"让兴趣逐渐产生，这样我们才能由内心生发出对学习的热情，这种积极的心态会带我们进入学习的更高阶段，在最佳的状态中汲取知识的精华。

2. 兴趣提升：和无关的事件串联起来

有人说，学习是一场孤独的旅行。这话听起来很诗意，也的确符合学习时的某种心境。但如果真能把自己代入"孤独的学习者"的视角中，我们就会被"孤独"这种带有负面情绪的词干扰，并因此而削弱我们好不容易构建起的学习主动性和积极性。

强调学习的孤独感，本质上是源于对学习的兴趣不足。

大多数人只要摆正心态，都可以做到上一节中讲到的"构建学习兴趣"，但问题在于，兴趣是一个无法量化的概念，有的人仅仅是稍有兴趣，有的人则是兴趣爆棚，这种差异会产生不同的学习驱动力。归根结底是因为"学习仅仅是学习"，没有和其他快乐的事情绑定在一起，所以我们为了提升兴趣，就需要在学习中加入调味剂，把其他看似无关但能激发兴趣的事情和学习相结合（见图 11）。

学习枯燥无聊　➡　联系无关事物　➡　产生学习兴趣

图 11

在 2015 年 4 月 TED 的一期演讲中，演讲者艾米莉·瓦普尼克（Emilie Wapnick）提到了"多重潜能者"这个名词。它和专家是对应存在的概念，指的是对多领域感兴趣并具有相应掌控力的人，通常这类人具备三个优势：创意融合、快速学习、适应能力。也许你觉得这和你没什么关系，可我们从另一个角度分析就会发现，那些无法深耕在一个领域、容易三分钟热度、"注意力分散"的人很可能就是多重潜能者。

2005 年，乔布斯在美国斯坦福大学毕业典礼上的演讲中说："要把点点滴滴串联起来。"他曾经经历过被收养、退学、学习美术课程……一环扣一环，当时看起来好像对未来人生没有多大的用处，但是很多年之后这些经历都或多或少地起到了一定的作用。乔布斯说，没人可以未卜先知，事与事间的因和果往往只在回首时显现。他是如何做到的呢？乔布斯从大学退学后，在一段时间里只做自己感兴趣的事情，这对后来 Mac 电脑的产生起到了重要的铺垫作用。所谓的"点点滴滴"就是将学习、工作和生活中的碎片经验串联起来，借助一条通用的桥梁，让知识和经验自由地交互，从而达到和"无关事件"产生联系的目的。那么，我们如何在实操中进行这种"串联"呢？这里我们列举三种常见的方法。

一、多线程学习法

多重潜能者做事快速，可以自由地从当前的状态中切入新的状态，这很像是电脑处理器的"多线程"工作。当然这里说的多线程并非真的同步做两件事，而是类似"番茄工作法"的学习计划：在 25 分钟内专心做好一件事，然后切换到下一个新任务中，当然任务内容要分属不同的知识体系，比如学习 25 分钟的外语，然后学习 25 分钟的数学，再学习相同时间的语文。这样在外人看来，别人一个多小时在学习解析几何，而你在同样的时间里学习了外语、数学和语文三门学科，这就是"多线程"。

多线程学习是为了避免长时间在同一个学习项目中耗费精力，因为多重潜能者都是三分钟热度。这的确是一个缺陷，但也是一个优点，它能让你在新鲜感消耗殆尽之前进入下一个学习任务，从而让新鲜感回复满血状态。

当然，有人觉得自己"头脑简单"，玩不转"多线程"，那也不要急，我们还有下一种方法可供选用。

二、自我相关法

多重潜能者有强大的适应能力，会让自己快速进入一个原本陌生的事物中，而最简单直接的方法就是"关联自我"，这其实和心理学上的"鸡尾酒会效应"类似。

当你参加聚会时，起初你可能不会注意到身边人的谈话，然而一旦有人提到了你的名字，你会马上变得警觉并留意那个谈论你的人，此时不管周围的环境多么嘈杂，你总能接收到有关你的信息，这是因为你把无关的声音信息都屏蔽了。同理，当你在学习时如果兴趣不足，不妨把自己关联进去，就会产生"眼前一亮"的振奋感。

当你在解答一道数学题目时，可以把题目替换成和你有关的一道计算题，比如计算你父母的税后工资、计算你的假期旅行所需要的费用，而几何题目则可以替换为你熟悉的家具、电器等，因为这些事物和你的现实人生关联，你求解的欲望会变得更加强烈；当你在做哲学题目时，可以把"论证人的意识"替换成"剖析你自己"，从你的个体视角出发，结合你的过往经历给出答案，然后从答案中剥离个性，保留普遍性，就能得到一个不跑题的答案了；当你在学习外语时，可以把自己设定在某个对话场景中，你想要沟通的对象是你有爱慕的人，那么你一定想要准确表达自己的想法和情绪，这样你就有了熟记语法和单词的动力。总之，我们通过关联自我让学习更有目的性，它不再是孤独的试练，而是在演绎我们自己的真实人生。

三、听音乐学习法

既然多重潜能者懂得融合不同的事物，那就不妨把音乐和学习串联在一起。毕竟对大多数人来说，音乐是美妙的，它不会让人生厌或者无聊。看到这里有人会说："听音乐会影响学习！"当然，如果你不听音乐就能专注学习的话，自然也不需要听，可如果你连学习的兴趣都提不上去，而音乐又能助你一臂之力的话，还有放弃它的理由吗？

事实上，有不少人在学习时都会伴随着音乐进入状态：解数学题的时候听音乐，背诵课文的时候听音乐。有人还会根据学习内容选择民俗的、古典的或者现代的音乐。至于会不会产生干扰，有人说在刚开始学习时听到音乐会被带动情绪，可一旦在音乐的帮助下进入学习状态，就会渐渐忘记音乐的存在。

从这个角度看，音乐就是一个引导你进入高效学习状态的引路人，这就好像我们在初学自行车时，后面有个人帮忙扶着车子，这时你因为左右乱晃能感觉到他在施加外力，可当你掌握了平衡以后又感觉不到他在用力，因为此时你已经学会自我调节了。

为了更好地发挥音乐"引路人"的作用，我们可以根据不同的学习需要在选曲上下功夫：当你准备参加一场重要的考试时，不妨选择一些让人情绪高涨、振奋人心的音乐，它能够帮助你坚定"逢考必过"的信心；当你处于温习状态时，想要相对安静的心绪，那可以选择轻音乐或者纯配乐，让你在舒缓的节奏中回顾所学的知识，细心地进行总结。总之，选曲要根据你的个人喜好、学习背景等因素综合判断，让每一个音符都能和一个知识点产生微妙的联系，让你在轻松愉悦的心境下吸收、巩固和拓展知识。

美国的巴鲁克学院和罗格斯大学曾经进行过一项研究，证明学习时听音乐确实对认知功能有正面提升作用，但前提是听音乐者是对外界刺激需求较低的人，即不易被外部环境所影响。当然，这里所说的刺激度高低并没有给出某个数值进行严格区分，这就需要你在实操中摸索，看看自己学习时听音乐是否对学习有所帮助。如果只能起到反面作用，你可以选择别的方法。

总之，当我们提升了学习兴趣以后，在运用费曼学习法的时候也会受益良多：在确立学习目标时关联自我（产生学习的驱动力），在以教代学时把课程设定为 25 分钟（保持新鲜感和注意力），在评价和简化时配合适宜的音乐（提高吸收和总结知识的效率），这样我们就能始终以饱满的热情完成一次学习的闭环（见图12）。

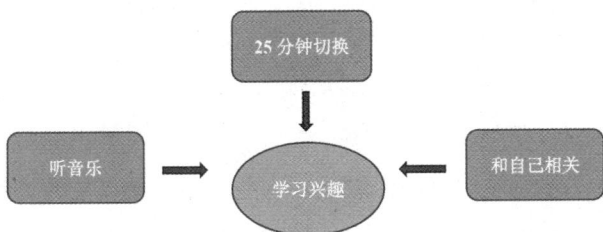

图 12

在我们养成把万物相关的思考习惯以后，也会增加对知识挖掘的深度，同时密切知识之间的横向联系，这其实是"学以致用"的变体。简言之，就是让我们脱离"为了学习而学习"的刻板框架，不要死记硬背，而要融会贯通，把知识变成可以作用于生活的技能，从而发现学习是无处不在的，就会本能地提高对学习的重视程度，从而再次强化学习的主动性和积极性。

3. 兴趣保持：建立良好的反馈机制

相信你一定有这样的学习经历：昨天的学习兴趣还十分强烈，到了今天忽然兴趣骤减，而培养兴趣的方法都一一尝试过了。兴趣有一个"保质期"，一旦"过期变质"你又被打回了"学渣原形"。于是，你强迫自己反复学习，不断寻找学习的兴趣，结果却不尽如人意。

> 温馨提示：不要和人性中的"负面性"硬碰硬。

构建主动的、积极的学习态度并不是最难的，难的是如何保持高热度的学习兴趣。**诚然，这是一个全凭自主的过程，但我们除了用内心去约束内心之外，还要建立一套行之有效的反馈机制，这个机制主要是解决如何保持高涨的学习兴趣**。当然，从客观上看，"热度下降"倒是符合热力学第二定律（热量可以自发地从较热的物体传递到较冷的物体，但不可能自发地从较冷的物体传递到较热的物体），但如果加入人为干扰的因素，让我们通过外力给热度保温，那就可以规避"由热变冷"的必然结局。

心理学家罗西和亨利曾经做过一个有关反馈机制的实验，他们以三组学生为实验对象，每组给予不同的反馈：第一组每天都会反馈当天的测试结果；第二组每周反馈七天的测试结果；第三组每天进行测试但不进行反馈。在实验进行八个星期以后，罗西和亨利开展了第二阶段的实验，将第一组和第三组的反馈方式对调，第二组维持原状，又进行了八个星期的测试，结果表明：经过 16 个星期的学习，第三组的成绩有明显的提升，第二组的成绩逐步提升，第一组的成绩则明显下降。

> 这个实验证明：反馈的周期越短，对学习的激励作用就越强。

兴趣的确是最好的老师，但我们不能盲目相信它会一直鞭策我们努力学习，而是要在兴趣之外加上一个"监督者"，它可以给予我们奖励或者惩罚，纠正某些不利于学习的行为，这就需要我们设计一套反馈机制，从时间管理、需求管理和目标管理三个方面入手。

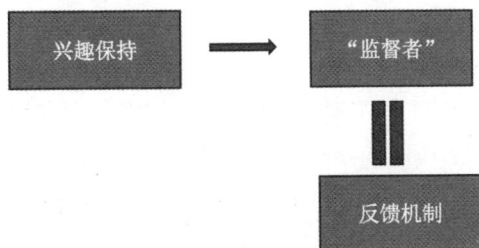

图 13

一、让时间被计划

罗西和亨利的实验有着清晰的计划时间——为期 16 个星期，只有在计划的时间里，才能清晰地分辨出哪一组的学生成绩在提高、哪一组在下降。同理，我们的反馈机制首先配套的就是一个时间表，例如"我要在一周内做完这本练习册""我必须在 15 天内读完所有参考书目""我计划用一个月的时间掌握全部的知识体系"。之所以强调要计划时间，是为了督促我们注意学习的进度条，做到今日事今日毕，不耽误学习进程。

当然，计划时间要遵循客观规律，如果一套练习题难度很大，那我们妄想用一天的时间去完成是不现实的，反而会在失败后挫伤我们的学习兴趣，所以比较合理的方案是适当延长时间。打个比方，一套练习题学霸可以用一天完成，学渣至少要用五天，普通学生平均在三天左右，那我们就以三天为底线甚至酌情增加一天，这样做就能减少我们完成任务的压力，否则高度紧张会蚕食掉好不容易积攒起来的兴趣。

二、让需求被认同

每个人都或多或少有着被他人认可的欲望，简单来说就是我们喜欢被人夸奖，这是来自外部的力量，可以被用作反馈机制的监督者之一。所以，我们在制订学习计划的同时可以标注出如下内容：做完一套练习题以后可以交给老师或者家长检查（得到表扬）；通过一次考试后可以将喜讯告知朋友（得到祝福）。这样，我们就能不断地得到来自外部的称赞和认可，这也是很多学霸在夸奖中学习动力越来越强的原因之一。

如果你告知的对象是你以教代学的"学生"，这会进一步强化你们的"师生"关系：对方可以看到"老师"在进步，而你也能感知到"学生"的成绩在提高，为了不让彼此失望，你们都会努力维持这种认同需求被满足的感觉。另外，被认可的欲望会提升你的自信心，帮助你在以教代学的环节中找到"身为人师"的代入感，增强面对"学生"提问时的底气和应对能力。

当然，表扬要维持在合理的范围内，如果只做对了一道难度不大的题目就被人夸奖了三天，势必会起反作用。

三、让目标被量化

计划时间是为了给学习任务加上时间轴，而量化目标就是在每个时间刻度里完成的工作，比如"今天做完了一套模拟试卷（总任务是一个月提高 30 分）""一小时内读完前两章的理论知识（总任务是一个星期读完两本参考书）"等。只有将学习目标量化，我们才能清楚每天、每个小时之内完成了多少学习任务。这样做一方面能够产生成就感，另一方面还可以释放压力——"今天还剩 20% 的习题，做完就可以收工了！"

量化目标要做好相应的纸面工作，也就是如实记录每天学会的知识内容。听起来简单，然而真正能坚持到底的人却不多，因为人们总会认为自己"心中有数"。其实，纸面记录不单单是配合完成学习目标，更是让我们一目了然当天的学习成果，产生"可视化"的成就感，这种正面反馈会促使我们积极地记录并由此获得满足感。为了减少记录的枯燥性，我们可以找一个外观卡通的笔记本，然后在扉页写上"我的知识银行账户"，把每天学习的内容以"存入 1 知识点""温习 2 知识点"的形式写下来，形成数字化的知识账本，这样会产生更强烈的成就感甚至是虚拟的财富占有感。当然，如果攒够若干知识点以后可以兑换一罐可乐或者一顿大餐的话，效果会更明显。

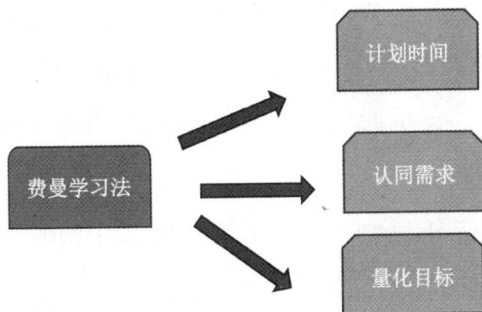

图 14

以上就是关于时间、需求和目标的管理策略，掌握好它们就能帮助我们更好地实践费曼学习法。再次提醒，反馈时间越短，对人的激励作用就越强，所以我们最好不要让计划时间超过三个月，而是控制在一周甚至更短的时间内。当然这并不是让你压缩学习内容，而是有计划地"切割"学习任务，比如完成一门科目需要半年时间，那就把它拆分成六个部分，一个月完成一个阶段性目标，让反馈更早、更频繁地到来，这样才能让你保持足够的学习动力。

东汉经学家、教育家任末，从 14 岁开始就保持着高亢的学习兴趣，这不仅源于他刻苦求学的态度，更和他的"学习小情调"有关：他在山林里用茅草搭成了一座庵房，笔是用荆条刻成的，充满大自然的气息，夜晚他会借着月色星光展卷而读，颇有一种苦中求学的浪漫诗意。有时候看书到会意处，任末会用荆笔蘸墨写在衣服或者手上，弄得满身油墨，这种狼狈相让他的门徒忍俊不禁，然而任末却十分享受这种自由、随性、质朴的学习过程。

虽然任末的学习条件比较艰苦，但他能够以乐观的态度去克服困难，在与自然和谐相处、与知识共生、与思考并行的状态中不断获得学习成果，这就给他建立了一种积极的学习反馈机制，促使他始终保持浓厚的学习兴趣。

在费曼学习法的四个环节中，反馈机制发挥着重要作用，尽管我们不能复刻任末的学习模式，但我们可以采取更现实易用的方法保持兴趣，比如在确立学习目标时，要有意识地按照最短的时间拆分：三天内掌握多少英语语法、一星期内读完一本论文的参考书目……这样我们就能在"三天"和"一星期"之后进入以教代学的环节，尽早体验和"学生"的教学互动。同样，在评价和简化这两个环节中，我们也要设立每日任务，例如"查找出至少10个漏洞""完成三个知识难点的简化工作"。这样，我们就会不断增强学习的"目标感"并持续优化学习方法，提高"以教代学"的技巧。

在短时间内不断给予自己反馈，你才能抛开杂念投入学习中，让"热度自然降低"的规律在你身上不起作用，让你沉浸在学习的惯性中竿头日上。

4. 兴趣的愉悦感：把快乐的事和学习绑定

学习和快乐真的是水火不容的两件事吗？

"快乐学习"究竟是否存在，一直存有争议，其实，把快乐和学习对立起来本身就有问题，因为二者完全可以共存，并非残酷的二选一。为什么这样说？因为学习是对知识的探索，我们从来到世界的那天开始就对未知事物充满了探索欲，这种探索陌生事物的行为会给我们带来很多快乐，比如旅游、探险以及诸多的"第一次"，当然，我们也可以在探索知识的过程中移植这种情感。

笔者认识一位谭老师，他是教语文的，非常善于调动学生的学习兴趣。2020年因为疫情转战网络课堂，学生们因为在家中，注意力不免有些涣散，学习热情不高。于是谭老师发挥他出色的嗓音，把自己背诵好的诗词如《拜年》《长干行》等，发语音到群里，抑扬顿挫的声线让学生纷纷着迷。随后谭老师马上组织了"朗诵PK"的活动，学生们争先恐后地背诵诗词发到群里，顺便还吃透了生僻词汇的释义，一个个都体验到了学习的乐趣。

抱怨学习不快乐的人，本身是在被动的、消极的心态下学习的，他们不是为了探索知识而学习，而是机械地被迫吸收知识，这种填鸭式的学习当然只有无尽的痛苦。既然学习本身带有快乐属性，那我们就要学会利用这个特点，把学习和快乐真正绑定在一起。这可以参考巴甫洛夫经典的条件反射理论，让我们在学习的过程中得到某种正面的刺激，然后形成条件反射，把快乐体验和学习进行强关联。

如何做到"强关联"呢？相信很多人都有过对游戏上瘾的经历，也会有人在玩游戏之后产生"愧疚感"——如果这段时间用来学习该多好！然而下一次还是会继续沉迷于游戏，究其原因，是玩游戏能够带来成就感。

成就感是什么？它是我们探索世界获得的奖励。在游戏的世界里，要么你操作的角色可以升级、赚钱，要么可以击败对手或者通关，总之，你能在虚拟的游戏世界中产生"功成名就"的满足感。这种快感会让大脑产生一种叫作内啡肽的东西，它是能让人感到快乐的物质。所以，很多人在情绪低落时会通过打游戏来获得快感。

我们在了解游戏成瘾的原因之后，不妨去尝试把学习变成游戏，让我们从中体会到足够的快乐。只有感受到快乐，我们才会喜欢，只有喜欢，才能擅长。即使我们不能真的让玩游戏和学习的快乐等同，也要尽可能地给予学习某些快乐的元素，具体可以从两个方面入手。

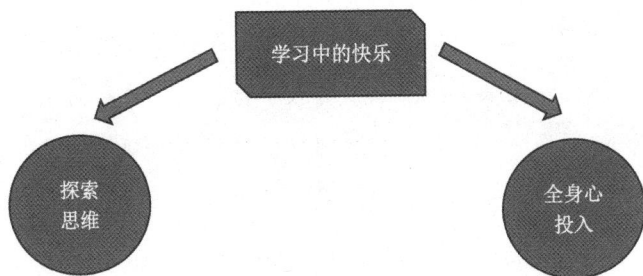

图 15

一、探索思维

很多人之所以觉得学习很累，无法体验到快乐，是因为预设立场出了问题，一上来就把学习当成一项艰巨的任务，自己要做的自然就是"克服困难"，诚然有些人真的做到了，但这是凭借强大意志力完成的，并没有把学习当成探索世界的一种游戏。因此，我们必须转换这种"和痛苦对抗"的思维，利用"探索"思维找到学习的乐趣。

在学习英语时，我们可以把经典的"李雷和韩梅梅"当成一部电影或者电视剧，你每看到的一段对话都代表着他们的关系更近了一步，他们在一个虚拟时空中演绎属于自己的故事。即便没有这样固定的角色设定，你也可以在一段对话中加入几个你想象中的角色，比如角色 A 是一个性格内向的肥宅，不善交流，但又渴望被理解，而角色 B 则是一个性格大条的社交达人。这样一来，你就不会对那些陌生的单词和语法产生压力了，因为它们都是你探索上述虚拟人物的关键道具，就像是玩解谜冒险类游戏一样。

在学习理工类科目时，我们也可以把枯燥的题目变得活泼有趣。你可以在纸上画出题目的故事背景，把求几何图形面积的解答过程当成侦探还原犯罪现场；甚至可以简单画出你脑海中的侦探形象，这样就能把枯燥的题目变成益智类型的漫画；甚至还可以根据后面的习题将其串联起来，让故事和人物都变得更有延续性。

二、全身心投入

如果说快乐是一颗糖果，那么只有当你剥开糖纸以后，才能品尝到甜美滋味的愉悦。学习是否存在快感，并不完全取决于你的第一印象，而是需要你在探索的过程中逐渐发现，这就需要你全身心地投入进去。幸运的是，全身心投入并非学霸的专有强项，任何人只要想做都能做到。当然，你要首先抛开"学习很无聊"的认知，避免先入为主，进而全身心投入，只需要坚持一小段时间，就会体验到学习中隐藏的快乐。

当你学习英语时，背单词和学语法的确有些枯燥，那么你可以通过"演绎影视剧"的方法找到乐趣，但仅有这些乐趣还是不够的，毕竟它们是你主观添加进去的，目的是让你改变"学习很无聊"的思维，而当你掌握了几段日常对话的语法规则和常用词汇以后，在观看英语影视剧时就会有不看字幕也能听懂的成就感，这种成就感是来自现实世界的，更真实、更有激励性，会让你产生继续学下去的动力。

扬州有一位 70 多岁的老人十分出名，他叫何春涛，开办了一家"春涛法律服务中心"，每天都会接待大量居民咨询法律问题。然而只要了解他的人都知道，何老是一个自学成才的律师，早年间是一位民营工厂厂长。在 20 世纪 90 年代，何春涛因为卷入了两场法律纠纷而蒙受了巨大的经济损失，为此他自学法律，最后耗时五年打赢了两场官司，他由此在民间声名大噪。

对何春涛来说，学习法律能够帮助他解决现实困境，让他产生了"强关联"，为此他全身心地投入进去，并在现实世界中收获了学有所成的快感——赢得了官司。因此在他看来，学习法律并不是枯燥无味的，而是构建人生的重要组成部分。

全身心投入，会让你提高对学习的重视程度，你会更加在意自己每天学到了哪些知识点、能够灵活运用哪些知识；你会把自我检查当成一件必要之事，同时也是快乐之事，就像你在玩过一场游戏过后，获得了多少装备、升了多少级一样充满成就感，进而促使你不断进步，产生"原来我可以做到"的正面自我认知，这种愉悦会让你进入快乐学习的正向循环中。

享受学习的乐趣，并非在自我催眠或者自我欺骗，而是无视那些让你感到不快的因素，聚焦在让你身心愉悦的因素上。在费曼学习法的实践中，我们只有抱着寓教于乐的态度，才能在转教给他人知识时找到"授业者"的快乐源泉，让我们持续产生新鲜感并一直坚持下去。

学习是需要认真探索和钻研的求知过程，只有能乐在其中的人，才能永久地告别由此产生的痛苦，成为那个微笑着摘取奖杯的人。

5. 兴趣消失怎么破？克服大脑的"偷懒"机制

众所周知，懒惰是通往成功路上的绊脚石，当我们对学习的兴趣渐渐消失时，其实就是大脑的"偷懒机制"在发挥作用。从本质上看，懒惰是一种心理层面的厌倦情绪，让你无法按照既定的计划去学习。

面对惰性，有人认为这不过是自己"累了"，需要放松一下，结果懒惰的惯性一发不可收拾。也有的人寄希望于"明天会变得勤快起来"，结果明天的状态比今天还要糟糕（见图16）。

我们不要成为上述两种人，而是要找到有效的方法去削弱惰性的影响，可以从以下两个方面入手。

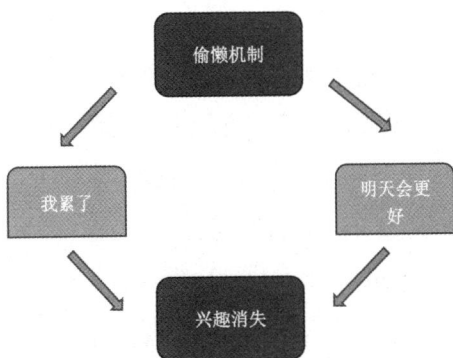

图 16

首先，一定要明确目标。

大脑的偷懒机制会通过让你"丢失目标"而为懒惰寻找合理的借口：我似乎并没有什么急着要做、明确要做、必须做的事情吧？于是接下来，你就舒舒服服地偷懒了。反之，如果你距离交作业、交论文只有一个小时，你无论如何都没办法说服自己偷懒。针对这个机制，我们要在单位时间内对要做的事情设定"优先级"，避免给自己找借口，心无旁骛地把事情做完。对此，我们可以采用"5/25 法则"。

巴菲特私人飞机的飞行员名叫麦克·佛林特。一天，巴菲特找到他，想要帮助他规划职业目标，然而麦克·佛林特对这个问题很是困惑。于是巴菲特让他列出最近想要完成的 25 件事，大事小事皆可，然后按照事情的重要性对其排列并选出最重要的前五件事。麦克·佛林特在选五件事这个环节中十分头疼，因为他很难甄别哪些事情是应该优先做完的，可就在他好不容易圈定五件事之后，巴菲特忽然问他，其余的20件事该怎么办。麦克·佛林特说，等到自己做完前面的五件事再去处理它们。然而巴菲特却告诉他：那些你没选出的事情都应该成为你全力避免去做的事，而且不管发生什么，只要你没有做完前五件事，绝不能让这20件事分散你的注意力。

看起来，"5/25法则"是针对时间管理的，但它对治疗懒惰症也是非常有效的。想想看，当你在写论文开小差的时候，是不是给了自己一个"临时走开"的借口：阳台窗户好像没关我去看一下，昨天买的橘子不知道有没有烂我去看一下。结果如何呢？你站在阳台看了10分钟风景，检查橘子的时候顺手剥了两个，然后慢悠悠地吃起来。没错，人脑的偷懒机制就是这样，它往往不会明目张胆地让你原地休息，而是会用若干个无关紧要的事情让你从当前的学习状态中"解放"出来。所以，我们要远离"20件事"对自己的干扰，要把"做完这套习题""理解这篇政论思想""搜集完第一段论文资料"这些事列入最重要的"五件事"，这样我们才没有理由分心。

明确自己想要什么，我们内心的驱动力才会被真正激发，才会获得更强大的执行力，从而避免惰性的干扰。

其次，不断挑战自我。

纵使大脑的偷懒机制再狡猾，它也不得不面对一个现实：人们知道懒惰是可耻的。但是，我们不能单单依靠羞耻心去和偷懒机制硬碰硬，这样会陷入一个怪圈：因为偷懒可耻，所以我不得不去学习——因为我是被迫学习的，难免会有偷懒的想法——我实在是扛不住了，小小偷懒一下没问题吧？你看，当你的指向目标仅仅锁定在"对抗偷懒"上时，你会变得越来越被动，让好不容易培养出的学习兴趣消耗殆尽。所以，我们需要转换一下视角，给自己树立一个"挑战自我"的目标。

挑战的目标不是偷懒，而是"我能否成为一个优秀的人"，这就事关我们的荣誉感、自尊感以及成就感了。这样的心态转化，能让我们从被动变为主动。如果你担心这样不会持久，那不妨通过寻找"控制点"来加以强化。

1954 年，美国社会学习理论家朱利安·罗特提出了"控制点"这个概念，它是基于个体归因倾向的理论，虽然这个概念在心理学界还存在争议，但我们可以将其简单地理解为 "一个人感到自己的成功与失败的位置在哪里——内部的或外部的"。如果你是一个外控者，则会习惯把失败归结为外部原因，比如状态不好、题目没有押对、导师不够强等等；如果你是一个内控者，则会把失败的原因归结为自己不够努力、没有掌握方法、对考试不够重视等等。虽然你可能有天生外控者的倾向，但我们可以通过自我纠正去尝试成为一个内控者，因为你在内心深处其实也知道"学习成果不能只归结为运气"。

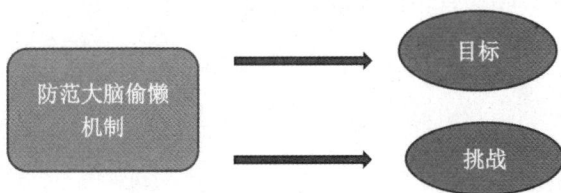

图 17

当你找到自己的"控制点"以后，你会习惯从自己身上发现问题的症结所在，你会尝试通过调整学习计划、改变学习策略、保持良好的应试心态避免自己失败。这种积极的行为机制会让你一边学习一边积累，既不会把矛头直接指向懒惰，又能在客观上削弱偷懒机制的干预。

在费曼学习法的实践中，懒惰也常常成为重要的干扰因素，它会让我们在以教代学的过程中不做足功课，对"学生"的提问敷衍了事，也会在查找漏洞的环节中一笔带过，不重视当前知识体系中存在的缺陷……所以，不找出合适的方法去弱化偷懒机制的干预，会让我们在实操中执行力度不到位，最终留下一个"豆腐渣"工程。

奥地利心理学家阿尔弗雷德·阿德勒在《走出孤独》中写过这样一段话：**真正能体现一个人的人生意义的，不是言辞，而是行为。**那么，懒惰就是阻碍我们实现人生价值的最大破坏者。当然我们承认，克服懒惰就像克服其他坏毛病一样，是一件对抗人性的困难之事。我们当然不能畏缩，但也不必正面相对，而是要找对方法，将视线放在"提升自我的目的感和贡献感"上面，这样就完成了"明确目标"和"挑战自我"两大任务，让大脑在不知不觉中弱化懒惰的念头。只要你的意志力足够坚定并持之以恒，懒惰终有一日会从你的字典中消失。

第三章

目标思维：你的学习目标是什么

1. 选对目标才能事半功倍

爱因斯坦被誉为 20 世纪最伟大的科学家，他提出了光子假设，解释了光电效应并因此获得 1921 年诺贝尔物理学奖，创立了狭义相对论和广义相对论……他之所以能取得如此辉煌的成就，和他的目标管理能力密不可分。

爱因斯坦出生于一个贫苦的犹太家庭，他在小学、中学的成绩并不突出，他经过分析以后得出结论：虽然自己成绩一般，但对数学和物理兴趣浓厚且成绩还可以，只有锁定这两个方向才能有出路。于是，爱因斯坦选择了瑞士苏黎世联邦理工学院物理学专业进行深造。因为目标选得准确，爱因斯坦 26 岁时就发表了科研论文《分子尺度的新测定》，之后的几年中又相继发表了四篇有分量的论文，开启了他的精彩人生。试想一下，如果爱因斯坦执意要成为一个音乐家，恐怕很难取得同等的成就，尽管他的小提琴拉得也还不错。

一旦选对了学习目标，就意味着成功了一半

在费曼学习法的四个环节中，"目标"是最先要考虑的环节，如果学习目标出现了偏差，那就意味着努力的方向是错误的。而且目标关联着学习的成就感，如果选择了低价值甚至无价值的学习目标，则会严重挫伤学习的积极性。关于学习的积极性，著名心理学家、教育学家本杰明·布卢姆曾说："学习的最大动力，是对学习材料的兴趣。"那么，学习材料如何让人产生兴趣呢？答案是建立一个学习目标。

当你对数学感兴趣时，数学的参考习题就会让你产生兴趣；当你对计算机感兴趣时，相关的知识分享文章就会让你产生兴趣。**从这个角度看，只有确定一个正确的学习目标，才能打通我们和学习材料之间的联系，从而获得学习的内在动力。**

笔者经常能看到这样一类学生：他们学习很刻苦，熬通宵起大早不在话下，可是学习成绩总是不理想。一问才知道他们把大量的时间放在了攻克"偏题"和"怪题"上面，这就是选错了学习目标。一般来说，目标没有正确和错误之分，只有适合与不适合之分。一个刚刚接触代数的初中生，把微积分设定为下学期攻读的目标就是不合适的；同样，一个刚掌握了500个英语单词的人，也不必妄想能写出一篇精彩绝伦的作文。因此，我们所说的"对的目标"，可以概括为四个字：**阻力最小**。

当然，这里所说的"阻力最小"并不能直接理解为"最容易实现的目标"，而是应该理解为"耗能最少且能够解决问题"。打个比方，你想要回家，那你选择的应该是最近且能安全到家的路线，不能为了贪图方便而让自己置身于危险之中。同理在学习中，我们要选择的目标是满足学习需求且不超出我们能力范畴，以此作为标准，我们才能在"阻力最小"的状态中获得成功。

很多人选错了目标，要么是只顾需求而忽视了能力上限，要么是只照顾了能力上限而违背了需求，于是才有了好高骛远

或者不思进取的学习态度，用不适合的目标去引导自己的学习行为，结果自然也是不能让人满意。

有这样一个故事：

> 一位猎人带着三个儿子到草原上打猎。在他们准备妥当之后，猎人问儿子们："你们都看到了什么呢？"大儿子说："我看到了我们手里的猎枪、飞奔的兔子还有一望无际的草原。"猎人听了以后摇摇头："不对。"接下来二儿子说："我看到了爸爸、哥哥、弟弟、猎枪、兔子以及草原。"猎人还是摇摇头："不对。"这时，三儿子说："我只看到了兔子。"猎人满意地点点头："你说对了。"

有了明确的目标，才会为行动指出正确的方向，才会在实现目标的道路上少走弯路。事实上，漫无目标或目标过多，都会阻碍我们前进。而且，要实现自己设定的目标，如果不切实际，最终可能是一事无成。

如果把"打猎"当成是猎人一家的学习任务，那么猎人一家应该确立的学习目标就是"如何在茫茫的草原上找到猎物"。而为了完成这个目标，他们就必须心无旁骛，把视线聚焦在已经被发现的猎物——兔子身上，同时屏蔽其他无效目标，这样才能确保猎杀的成功率。

在学习中，我们可以借鉴这种思路，比如我们的学习任务是"掌握议论文的写作方法"，那我们的学习目标可以设定为"通读 100 篇优秀的议论文"，因为通过大量的阅读，我们会潜移默化地吸收作者的写作技巧，同时拓宽视野、积累素材，等到我们遇到一个议论文题目时，总会联系到某一篇读过的文章，这样我们就有了借鉴思路，也不会跑题。之所以设定这个目标，是因为我们可以用"阅读"这种最易上手的方式去学习写作技巧。

但是，如果我们把学习目标设定为"写 100 篇让自己满意的议论文"，这就会出现很多问题：一是"让自己满意"没有清晰的衡量标准，要么对自己过于苛刻，要么对自己过于放松，很难满足学习的需求；二是在没有任何积累的前提下去写 100 篇文章，这会超出我们的能力上限。总之，我们选择了一条"阻力最大"的路径。

一个人想要获得学习成果，通常面临着两种驱动方式，一种是期待导向，另一种就是问题导向。期待导向，就是在实操之前给自己确定了一个目标，比如"我要掌握一门能够与他人自由交流的外语"；而问题导向，就是"我的邻居是一个外国人，总因为语言不通而产生各种社交问题"，所以"我必须掌握一门外语"。

图 18

从表面上看，问题导向似乎更能产生驱动力，因为它要解决现实的需求；而期待导向很可能是理想化的需求。但是，如果那个困扰你的问题没有产生，你可能就会迷失了学习的方向，或者一个虚假的问题干扰了你，让你选择了错误的方向。比如你的外国邻居其实只是来看朋友的，待上一个星期就回国了，那么你学习外语的目标就设定错了，因为你们之间的社交障碍只是短暂的虚假问题。

生活中，我们常常看见某些学习不怎么好的人，会在遭受某次"打击"（如家长责骂、老师督促）之后忽然立下誓言：我要好好学习了！或许他们在说这句话的时候真的下了决心，但这不过是眼前的境遇困扰了他们。反观学霸，他们从不会因为获得某种奖励或者避免被人批评才认真学习，都是用期待导向来引导自己学习，即便外部环境发生了变化，他们也会岿然不动，保持对目标的初心。

现在问题来了，既然期待导向对学习有更强的引导作用，我们该如何产生"期待"呢？可以试着从以下两个方面入手。

从当前的学习基础出发

如果你是一个初学者，最合理的期待肯定不是马上成为一个专家，而是由门外汉过渡到入门者，再从入门者过渡到一个高手。这就需要先掌握基本的知识体系，然后再逐渐加大难度。虽然每个构成部分未必是熟练的、专业的，但总要有一个比较清晰的轮廓，比如"了解世界近代史各主要国家的基本概况"，再比如"初步掌握常见的绘画手法"等，这种结合自身现实状况的思考，很容易帮你找到自己的期待目标。

从兴趣和实力出发

目标并非一成不变的，曾经有高考状元就表示自己高一时想上武汉大学，高二时就改成了人民大学，高三又锁定了北大。随着目标的改变，最终也同步调整了努力学习的程度，最后终于实现了理想。学习中也是如此，或许你开始时只是想"掌握基本的公文写作技巧"，但随着你在职场中的摸索打拼，你发现自己对写作有着浓厚的兴趣和过人的天赋，那就可以把目标改成"熟练掌握各种公文写作技巧的大拿"，在你付出了与之匹配的努力之后，你可能真的就成了能独当一面的文案高手。

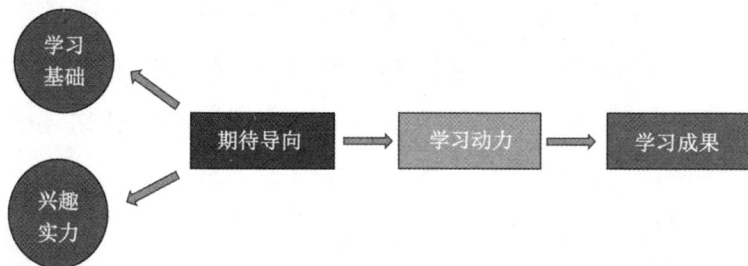

```
学习                  期待导向 ──→ 学习动力 ──→ 学习成果
基础    ↖
        ↙
兴趣
实力
```

图 19

鲁迅先生是爱读书之人，他经常倡导人们："书在手头，不管它是什么，总要拿来翻一下，或者看一遍序目，或者读几页内容。"这样做能让你打开思路，从书中发现自己感兴趣的学习目标，依托你的学习基础继续深入探索。除此之外，鲁迅先生还提倡人们选择自己喜爱的书深入分析，这样就能"使你读的书活起来"。这又是借助兴趣的力量赋予人们学习的动力。

你看，鲁迅并没有逼着谁埋头苦读，只是传递给我们一种轻松、惬意、真挚的学习态度，这么看来，培养目标思维没那么枯燥，也没那么辛苦。

费曼从来不鼓励人们以天才为榜样，因为在他看来，学习不能以过度地消磨意志力为代价，学习应该是轻松的，轻松到几个易于理解的步骤就能获得较大的成效。所以，我们才把"阻力最小"作为筛选学习目标的原则，在不超过我们能力范围的前提下满足需求。这样一来，我们的学习目标就不再是一个艰巨的任务，而是一个我们"应该做并且稍加努力就能完成"的工作。这样我们才能在较为放松的状态下完成，而不会在目标和行动之间不自觉地设置心理恐惧的障碍。

目标并非一个空泛的符号，也不是一个帮助我们通过障碍的梯子，它其实是一个动态变化的风向标，代表着我们在不同学习阶段、不同人生经历中的认知结果。当然，这种动态并不是允许你出尔反尔，轻易更改目标，而是要符合你的阶段性成长和新的认知结论，要符合你的能力上限和现实需求。总之，你要为自己锁定一个"很重要的事情"，在确立这个方向以后，每天都要问问自己："今天那件重要的事情我做了吗？"这样，你才能在目标的引导下逐步提升学习效率并最终达成一个让自己满意的学习成果。

2. 如何排除干扰聚焦目标？

费曼有个表哥，念中学的时候学代数十分吃力，于是就请了个家教帮他补课，而费曼就在旁边看着。有一次，家教教表哥"2x+"之类的代数问题。费曼问表哥在算什么，表哥说："你个小孩子知道什么？ 2x+7=15，要算出 x 等于多少。"费曼脱口而出："4 啊。"表哥不满地回答："对的，可是你是用算术做出来的，不是用的代数。"

在费曼看来，解答出"x"就是他的目标，至于用什么方法并不重要，因为费曼始终认为，**世界上没有必须要求你用算术或者代数去做的题目，这些所谓的规则往往会成为禁锢人思路的障碍。**

学习是一个系统化的过程，在这个过程中总是充满了困难与挣扎，你可能会因为各种原因被搅乱了心思，就像费曼的表哥那样，执着于用代数的方法去求 x，而即便你用算术的方法得出了答案，还是会质疑自己是否真的学会了代数。这些都是禁锢你思维的干扰因素，只有当你把它从大脑中清除以后，你才有更多的精力聚焦目标。同时，千万不要天真地以为，有了目标你就能实现"自动聚焦"，这对大部分人来说是很难做到的。

我们之所以要聚焦学习目标，这和我们的记忆特点有关。

人类的记忆方式分为**长时记忆、短时记忆和瞬时记忆**三种。长时记忆对信息的数量和种类都是无限容纳的，但需要经年累月才能建立；而短时记忆只能容纳少量的信息通过；至于瞬时记忆，它的容量虽然很大，保存的时间却十分短暂。基于大脑的这一特点，我们就要把学习的知识分解为方便大脑消化理解的信息片段，就像是把一大块肉切成小片方便咀嚼一样，然后调动我们的注意力去关注它们，**这样才能从瞬时记忆过渡到短时记忆，最终转化为长时记忆。**

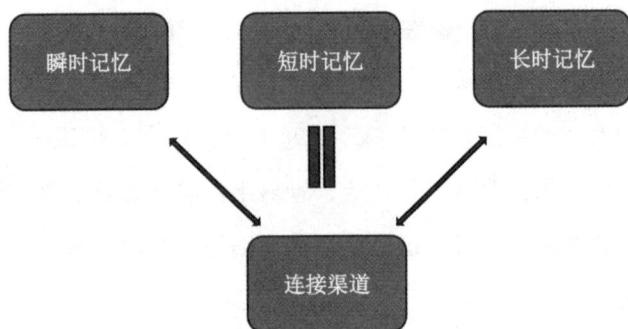

图 20

笔者见过很多学生，往往因为心态不好，平时考试内容背得滚瓜烂熟，但是一到考试的时候就特别容易紧张，结果死记硬背了半天收效甚微，还免不了被老师骂、家长罚。其实本不必如此去逼他们，应该合理引导，让他们提高记忆的效率而不是一味地堆时长，重点还是在聚焦学习目标上。

聚焦学习目标，其实就是一个梳理、整合自己对知识掌握程度的过程。当我们在解题的时候，每个步骤都用到了哪些公式，是否有更快捷的方法，这些就是在梳理和复盘。同样在写作的时候也是如此，每写完一个段落，我们都可以问自己：它在文章中的结构意义是什么？是否达到了最佳的表达效果？

从大脑记忆的角度看，聚焦目标就是调动有限的注意力来完成瞬时记忆，然后让这些被保留的信息快速进入短时记忆的通道中，最终顺利地保存到长时记忆的仓库。因为我们了解了大脑记忆的特点，所以才要通过科学的认知方法去梳理、整合知识。学习并不是让大脑死记硬背某一门知识，而是让这些知识能够转化为工作和生活中的实用工具。只有通过一个个小目标的聚焦，才能让一个大目标得以实现，最终在学海中畅游无阻，从知识中汲取我们需要的养分和力量。

那么，如何才能有效地完成聚焦学习目标呢？关键是要充分利用短时记忆系统有限的信息处理，因为短时记忆是连接瞬时记忆和长时记忆的通道，如果这个环节出了问题，我们就无法把知识留存在大脑中，学习的目标就会被迫丢失。这里，我们要牢记以下三个技巧。

保持知识吸收的上限

我们在单位时间内注意、理解和记忆的信息是有限的，所以聚焦的目标越少，学习的效果就越强。很多人在学习中总会高估自己的短时记忆能力，往往在有限的时间里同时学习不同的课题或者是想在最短的时间内弄懂一个复杂内容，其结果自然事与愿违。这是因为我们接收的信息过载了，造成了我们大脑的运转效率下降甚至"死机"。所以，这就需要我们借鉴费曼学习法中的"简化"原则，把 10 页的英语课文中的重要语法提炼出来，专心记忆并理解，而不是死盯着每一篇课文去发力，这种硬啃书本的行为只能事倍功半。除了"简化"这个方法外，我们还可以对知识进行"模块化"处理，本质上也是简化，只不过我们不对 10 页的课文进行提炼，而是分成五个单元，每两页为一个任务点，逐一攻克，不必急于求成，这样也会提升我们记忆和理解的效果。

排除冗余信息干扰

短时记忆是一个比较狭窄的信息通道，一次只能接纳少量的信息，基于这个特点，我们就要减少复杂信息的干扰。比如在学习 10 页英语课文时，我们可以先不管文章和作者的背景介绍，而是把目标锁定在词义解析和语法分析上，只记住最有代表性的例句，这样信息在经过短时记忆的通道时速度会明显加快，我们也能更专注于知识的吸收。

优化学习环境

学习的时候，我们尽量避免一心二用，比如一边看电视，一边做笔记，这就会给我们的大脑造成困扰，当然听音乐学习这个姑且不算，因为它对多重潜能者有辅助学习的作用。总之，我们不要盲目相信自己的抗干扰能力，而是要尽量置身于适宜学习的环境中。

费曼的表哥之所以学不好代数，是因为他无法专注于学习目标，所以才通过请家教的方式从外部帮自己聚焦目标，而如果他能掌握设定学习目标的关键就不必大费周章了，那么关键是什么呢？关键就是开启我们的元认知。

"元认知"这个概念是由美国心理学家 J.H. 弗拉维尔提出的，简单理解就是"对认知的认知"。形象地解释就是，当我们在学习时，**我们对学习内容的感知和记忆是认知，同时我们要对感知和记忆进行监控和协调，而这些就是元认知。认知是针对外部对象的，是具体的，比如文字、图像等；元认知是针对内心的，是抽象的，比如"我的阅读方法是否存在问题"。**

了解了这个概念，可能你就明白为什么有的人努力学习却成绩平平了，因为他们没有开启"元认知"，没有对自己的学习方法进行评估和总结，而这种混沌和懵懂的状态就让他们无法聚焦在一个目标上。以费曼为例，他知道"求 x"是自己的目标，又产生了"我可以不拘泥于解答方法"这样的元认知，所以他才能聚焦目标，最终得出答案；而他的表哥则受困于刻板思维。

武汉某高校的一位英语老师，在讲述《跨文化交际》这门选修课时，没有照本宣科，而是给学生播放了电影《喜福会》中有关中美文化差异的片段，然后让学生回答洋女婿究竟犯了哪些中式用餐时的错误。学生们的热情顿时被点燃，不仅争抢着回答，有人还用英语进行了准确的描述。显然，这位老师帮助学生开启了"元认知"的大门，把他们从传统的学习方法中解放出来，通过看电影将中西方文化差异形象化，专注于"文化交际"这个核心知识点上，暂时不去理会其他知识带来的包袱，这样，兴趣有了，学习成果也有了。

3. 保持精力的诀窍：分清主次目标

不知道你是否发现，学霸们往往有一些共性，那就是不管学习任务多么繁重，他们依旧精神抖擞，反倒是那些学渣，总是边看着书边打瞌睡。这种鲜明的对比似乎给人一种错觉：越是优秀的学生越是精力旺盛。

难道学霸们真的有异于常人的体质吗？当然不是，而是他们掌握了保持精力的诀窍——分清主次目标。

想要学好一门科目，必然要把它所涉及的知识先拆分下来，再按照一定顺序逐个攻破。如果你不懂得排列先后顺序，纵使你有着浓厚的学习兴趣和旺盛的精力，也会随着时间的推移被搞得焦头烂额甚至火冒三丈，毕竟人的注意力是有限的，所以学霸会针对每一门科目制订自己的学习计划，让自己有规律地学习，保证学习效率。

笔者的外甥是一个初一学生，每次放学回家，都会把要完成的作业、参考书等资料一股脑地倒在书桌上，然后分门别类地整理好，分出几堆儿来：语文一堆儿，英语一堆儿，代数一堆儿……然后在每一堆儿上面放一张标有1、2、3等数字的纸条，笔者好奇地问他这些数字代表什么，外甥说："语文标1是明天早上就要，代数标2是明天下午老师可能要检查，英语标 3 是后天才交作业。"笔者以为这就是一个简单的时间管理法，谁知外甥又补充道："语文标 1 是因为要背课文，这会儿我脑子清醒最好先完成这个，代数标 2 是我妈晚上才有空辅导我，英语标 3 是因为明天我有不懂的可以问老师，等到代数做完了，我就可以再背诵一遍课文，检查效果。"这个补充才让笔者感到真的震撼：他已经正确分出了单位时间内学习的主次目标了。

人的精力是有限的，甚至是有质量优劣之分的（比如不同时间段的精力状态），我们要想合理利用时间和精力，就必须建立一套约束自我的法则，时刻提醒自己分清主次目标，而这套法则的三个关键词就是"长远目标""当前目标""额外目标"。

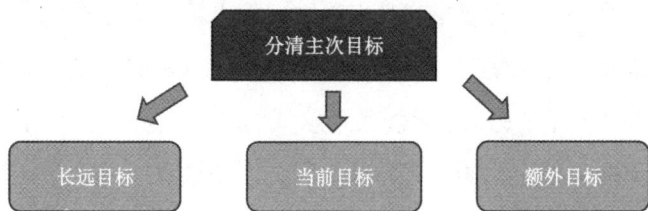

图 21

长远目标——不对当前工作产生干预，但能起到激励和鞭策的作用

每个人的学习活动都会关联着一个学习任务，比如拿到毕业证、拿到资格证、获得某个岗位的就职资格等，这就是长远的学习目标，一旦确立之后，我们就要抛弃一切与之无关的东西，朝着这个目标努力。但是，长远目标并不会具体指导我们当下的行为，而是要分解到具体的学习目标中，因此它可以作为一种激励，比如"我做完这套试题是为了顺利毕业""我背完这道大题是为了拿到资格证"，换言之，当你在学习时感到疲软无力、兴趣下降，不妨回想一下自己树立的长远目标，用它来鞭策你完成今天的学习任务，而不是简单地催逼自己"赶快写完这篇论文"。

当前目标——容易造成顺序混乱，但必须分出先后

当前要完成的学习目标，就是"紧急的事情"，一般可以分为三个级别：**今天必须做完的事情（突发事件），今天应该要完成的事情（计划事件），今天勉强可以完成的事情（可自由完成的事件）**。三个等级分别对应着**最紧急、比较紧急和不紧急**三个层次。有意思的是，最重要的事情可能并不是最紧急的，比如制订下个月的学习计划、总结出本月的学习心得等，反而是不太重要的事情可能最紧急，比如完成明天要交的作业、整理完明天要用的参考资料等。但是，如果我们只顾及紧急而忽视了重要，那就会把重要的事情一再拖延下去，比如今天要写的学习计划被拖延到了明天，然而明天又有了新的紧急任务，就顺势推到了后天……这样一来，我们下个月的学习计划就无从谈起，也就很难完成阶段性的学习任务。

那么，怎样调和"紧急"和"重要"事情的矛盾呢？最简单的办法就是分解"重要"的事情，不用急着全部做完，而是先完成一部分，比如在完成明天要交的作业之后，抽出一点时间做完下个月学习计划的20%，如果明天同样忙碌，那就继续做20%，以此类推，这样即便你一直忙碌了五天，学习计划也没有太耽误制作进度。除此之外，我们还可以通过寻找"外援"的方式来解决，比如在一个学习小组里，你可以参考别人做好的学习计划，虽然该计划不会完全适用于你，但你只要稍加调整，也能修改出针对你自己的学习计划，这样就节省了部分时间，也能借鉴他人制订计划的某些过人之处。归根结底，我们的总原则就是"在确保完成紧急任务的前提下少量推进重要任务"。

当然，有人会提出异议：如果我真的一点时间都抽不出来，无法"部分完成重要任务"，那该怎么办呢？其实，这个问题大概率是一个伪问题，除去你真的忙不过来的情况，更多的可能是你浪费了时间，没有充分利用"见缝插针"的任务管理机制。

现在请你想象一下：你的面前摆着一杯水、一杯沙子和一杯石头，你必须将它们全部放进一个容器里，你该怎么办呢？可能有人会急着把沙子倒进杯子里，因为沙子看起来占据的空间最少，可事实就是一旦倒进沙子就无法再装入更大的石头了。因此，正确的做法是先放石头，再放沙子，最后再倒入水，这样才能充分利用空间。

这个例子的精髓在于"如何利用间隙"，只有掌握了它，我们才能真正"挤出"时间，确保"重要的事情"能够在有限的时间里逐步完成。比如，你急着要完成明天交给导师的作业，只剩下一个小时了，根本没时间设计本学期的论文，那么你可以在写作业的时候，留意其中涉及的知识点，从中筛选出导师强调的重点，顺手把它们列在另一张纸上（这不会占用你多少时间）。这样当你完成作业之后，你就有了一个重点知识列表，其中的几个要点就可能成为你学期论文的关键词，这就是利用"间隙"部分完成重要学习目标的方法。

额外目标——带来意外回报，需要做出选择

一般来说，长远目标和当前目标都是已知的，是我们大体上可以预判出来的，但也有一些目标是临时出现的，它们可能和长远目标无关，却和当前目标冲突，但如果完成这些目标就可以获得额外的奖励，这就需要我们在保持原则性的前提下灵活处理了。

打个比方，你的长远目标是掌握西班牙语，每天必须背诵20个单词，当前目标是撰写一篇初级对话的作文，这时忽然有人借给你一套珍贵的西语课堂笔记，明天就要还给人家，如果你错过这个额外的学习目标，可能自己就要多走弯路，那该如何处理呢？正确的做法就是暂缓背单词的计划，将任务量转移到明天，当前目标不变，用节约下来的时间把笔记内容拍摄下来并快速浏览是否有看不懂的字迹，这样你就能获得一份珍贵的学习资料，也不会影响你正常的学习计划。

我们之所以要重视额外目标，是因为它能带给我们更高的回报且机会难得，所以临时"牺牲"一下长远目标是最优选择，而且也不会成为我们拖延症的借口，毕竟高回报的临时目标不是随便就能撞上的。

学习是带有强烈目的性的行为，但很多人会被若干个子目标分散注意力，反而成了目的性的奴隶，这样就本末倒置了。一个善于学习的人，绝不会为了学习而学习，而是能站在一个更高的视角上审视学习任务总量，根据现实需求和自身情况分清主次目标，掌握学习的主动权，以良好的学习状态不断投入到新的学习任务中。

4. 搞定目标的关键：从最简单的题目开始

相信很多人都经历过这样的场景：某天看了一部励志电影或者读了一本励志书籍之后，突然意识到自己的"堕落"和"平庸"，于是奋发图强，给自己制订了一个"光荣且伟大"的学习计划。然而等到实施的那一天开始，仿佛一头撞在了钉子上，这才意识到学习是一件非常困难的事，于是给自己找出各种理由拖延，直至计划彻底泡汤。

设定目标没有错，错就错在没有掌握"由浅入深"的学习节奏，所以早早挫伤了自己的自信心。

理想很丰满，现实很骨感。制订计划不需要付诸多少努力，实践计划才能真正让你认清自我，但人是可以在成长中变得强大的，在遇到难题时本能地想要逃走也是符合人性"趋利避害"的特质，不必过多指责，更不要与之正面对抗。

发展心理学家阿拉斯代尔·怀特提出了"舒适区"的概念，在他看来，一个人长期待在自己熟悉的区域里就很难获得真正的进步，所以现在最流行的口号是"走出舒适区"，但问题在于，我们如何科学地走出来呢？一下子从舒适区进入残酷的危机区"地狱副本"，相信没有几个人能扛下来，因为我们会感受到诸多的不适，自信心会严重受到挫伤。

费曼说过："获得快乐的唯一方法就是尽自己最大的能力去做你喜欢的事情。"这当然不是让我们固守在舒适区里，而是让我们**找到"最大能力"的上限，然后根据这个上限瞄准舒适区以外的危机区，朝着一个带有挑战性且有可实现性的目标进发，而完成这个过渡的关键就是遵循"由浅入深"的节奏。**

> 先秦时有个人叫纪昌，他立志要成为一个神射手，于是拜箭法高手飞卫为老师，然而飞卫却没有向他传授什么高深的射箭技巧，而是先让他练就一双神射手的眼睛。具体的方法是让纪昌在家中看妻子织布，目不转睛地盯着快速运动的梭子，这样练习了几年以后，就是锥子已经快刺到他的眼睛了，他的眼睛也不眨一下。后来飞卫又让纪昌练习把小东西"放大"的本事，于是纪昌就在窗户上挂起一只小虱子连续看了三年，最后虱子在他眼里有车轮那么大。当纪昌完成了这些看起来十分简单的任务之后，飞卫这才教他射箭，终于把他培养成了一个百发百中的神射手。

纪昌的故事证明了由浅入深、循序渐进学习技能的重要性。我们从简单的目标开始，就是要避开那些我们暂时无法攻克的难题，科学合理地降低学习门槛，确保有一个顺利的开始，然后再逐步提升难度，这就是保持学习节奏的重要性。

阿拉斯代尔认为，成长主要是发生在舒适区之外。打个比方，我们在玩游戏的时候，如果难度过低，闭着眼睛一通乱按都能打败 Boss，这样的游戏毫无乐趣可言；可如果反复死了十几次也打不过去，这种地狱难度也会消磨我们的兴趣。只有难度适中，才能让我们既体验到游戏的乐趣，又能锻炼技能。

笔者带过一个六年级的小学生，这个孩子最大的特点是擅长制订学习计划，每个学期都会认真地列出一张计划表给我看，乍一看似乎挑不出什么毛病，但一到期末准备验收时，就发现80%的计划都没有完成，孩子为此哭哭啼啼甚至有点自暴自弃了。后来笔者认真研究了一下发现：这些目标设置得过高了，几乎每一个都超出了孩子的能力上限，说得专业点就是距离舒适区太远了，就像一个没有英语基础的人第一天给自己设定了背 30 个单词的目标，在没有熟悉发音和积累词根的前提下必然啃不动，这样的学习计划迟早流产。所以，我们要合理制订学习计划，通过时间的积累慢慢远离舒适区并养成相应的学习习惯。

现在问题来了："由浅入深"应该符合什么标准呢？可以参考下面列出的三条。

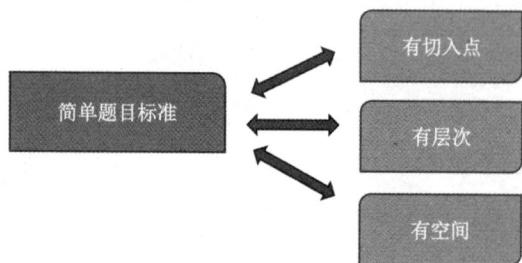

图 22

第一，有切入点。

从舒适区直接进入危机区，这种跳跃性的节奏必然难以适应，换句话说，我们根本找不到切入点——现有的知识水平完全无法理解或者只能理解一点，这样自然难以达成预期的学习目标。所以，我们要在舒适区和危机区之间找到一个"过渡区"来顺利切入，比如你已经掌握了500个英语单词，阅读一段300字的小文章并做完四个对应的选择题，生词量不超过10个，这样的难度设定就很合理。因为即便你不去查阅陌生单词的意思，也可以通过自己掌握的单词结合上下文揣摩其大致的含义，这就是有切入点的好处。相反，如果陌生词汇占比过高，一眼望去完全不解其意，这样的难度挑战并不会让你获得实质性的提高，因为你的主要精力都用在查阅和理解生词上了。

有切入点不仅要在题目定义上有明确认识，还要在行动中设定计划，这样才能赋予切入以具体的动作。

首先，是要有开始和结束的时间，你选择了一套初级难度的试题，凭借现有的能力可以完成，那么接下来你就要给自己设定完成的时间，一个小时或者两个小时，因为你对难度是有预判的，所以可以大体估算出最终完成的时间。

其次，是要有总计需要完成的任务量，你选择的初级难度试题不会只做一套就了事，你还要设定一个总的任务量：20套还是100套，根据你的实际情况设定一个明确的数字，每天完成一部分，这样你的能力才会有显著的提高。

最后，是要有初步的完成预期，你做完这些试题要达到一个什么结果呢？是通过月考还是完成升学考试？只有以预期作为检验工具，才能校正你的学习行为，复盘你的学习计划，从而在下阶段的学习工作中达成预期。

第二，有层次。

由浅入深的最终目标是危机区，这需要我们经历一个循序渐进的过程，在这个过程中，学习的"层次感"就显得尤为重要，也就是说我们要通过阶段性的成长来实现质的改变。打个比方，你给自己设定了"初步掌握文言文的阅读技巧"这个目标，而任务总量是阅读30篇经典的文言文选段，那么每阅读10篇就可以看成是一次能力升级：前10篇需要借助工具书和参考资料来领会文中内容，中间10篇基本靠自己能领会80%的文章内容，后10篇完全依靠自己读懂95%以上的内容。通过这种有层次的设定，我们才能一步一步走出舒适区，在确保自信心不受挫伤的前提下获得能力提升。

当然，具体要拆分出多少层次，要根据任务总量和难度系数来确定，总原则就是不要层次太多，这样会给自己带来压力，也不要层次太少，因为一个层次代表着能力的提升，可以获得对应的成就感，成就感获得太少自然不利于保持学习兴趣。

第三，有空间。

有空间指的是你的当前水平和预期水平存在一定差距，这个差距就是你上升的空间。虽然我们提倡从简单题目做起，但这并不意味着最终的目标也是简单的，因为这样你的学习成果就不值一提。打个比方，你的数学考试平均分是 50 分，你想提升到 80 分以上，这个目标设定就是有意义的；而如果你只是为了减少压力把预期设定为 60 分，考虑发挥不稳定的因素，最终的成绩还可能是在 50—60 分之间，这种锁定上升空间的预期目标，一定程度上会阻碍你快速提升的效率，导致学习效果提升不明显。所以，目标要稍微高出自己的当前水平并能确保一定的成就感，这才是合理的上升空间设定。

归根结底，由浅入深意味着我们需要的启动能量不必太多、目标压力也不会太大，这个能量和压力就是我们学习的动力和推力，它并非恒定的，而是会根据我们坚持学习的时间来缓慢增长，所以我们要学会善待这种力量，不要一次性地挥霍大半，这会让我们难以应对日后更艰巨的学习任务。当我们攻破了简单题目这个门槛以后，会渐渐养成一种学习习惯，在我们的大脑中建立一套新的、稳定的神经通路。一旦神经通路形成，只要我们进入学习状态就会保持旺盛的精力去完成它，这不单单是习惯的力量，也是因为之前的学习成果会不断激励我们，而成果的获得，正是我们在起步阶段降低了学习的门槛。

5. 构建目标价值：保持知识的更新率

学习总要有一个长远目标，或者是为了得到老师家长的夸奖，或者是为了可以顺利毕业，或者是为了提升自己的物质生活。但是，在这里我们暂且不看根本目标，而是聚焦在知识本身，我们不断学习并掌握它的动力在哪儿呢？显然，应该是知识本身能让我们获得某种技能上的提升，这就是学习目标的价值所在，但这又产生了一个新问题：知识的价值是否一成不变？

在信息爆炸的时代，知识并非绝对保值的，它会随着科技的进步、观念的变化等因素或升值或贬值，甚至某些领域会发生颠覆性的改变。在中世纪，地心说就是那个时代的知识，在信奉"天圆地方"的时代，也没有人的脑中会储存"地球是圆的"这样的知识。所以，想让我们的学习目标保值，就要不断对其进行更新，这可以看成是学习中的自省，正如宋朝诗人杨万里所说："见人之过，得己之过；闻人之过，得己之过。"一个人只有善于从他人身上吸取经验教训，才能在自省中不断进步。同理，在学习中也要及时更新知识库，才能持续升级思维系统，获得真正意义上的能力提升。

南朝有一个人名叫江淹，他年轻时才华横溢，写得一

手好文章，然而年纪大了以后却难有佳作，有时候拿着笔
憋了半天也写不出一句，大家都很好奇因为什么，于是开
始了分析大会。有人说，江淹有一次乘船停在禅灵寺的河
边，然后在梦中遇到一个叫张景阳的人向他讨还一匹绸
缎，江淹就还给了他，然后他的写作灵感就枯竭了。还有人
说，江淹在一次睡午觉时梦见一个叫郭璞的人，要走了他的
一支五色笔，从此江淹就写不出好文章了。显然，这些人分
析得一个比一个离谱。事实上，江淹写不出好文章的根本原
因是当官以后，他每天忙于工作和应酬，没有时间读书，也
没有时间思考，脑子里空空如也，当然就没有灵感了，也写
不出好文章了，于是才有了"江郎才尽"这个成语。

如果把知识库看成一个池塘，那么知识点就是水源，只有
让池塘中保持水的流动性才能拥有生机，这就需要我们掌握更
新和维护知识的技巧，具体可以从交流和反思两个方面入手，
主要包括以下步骤。

图 23

在交流中更新。

在学习中，我们可以抱着孤勇者的心态去攻坚克难，但不要成为"孤僻者"，而是要在学习中保持和他人的交流。这不仅能借鉴他人的学习方法和学习成果，还可以更新我们的知识体系。由于每个人掌握的学习资料不同，学习方法也各有千秋，可能你今天勉强弄懂了"量子纠缠"的概念，但是别人却因为阅读了最新的研究文章产生了新的认识和理解方式，这时你和他人交换一下对"量子纠缠"的看法，很可能就会吸收到新的知识并修改之前的偏差认识。如果对方的知识能力远在你之上，你还可以通过虚心请教的方式得到点拨，从而拓宽自己的知识视野，获得更新知识的路径和工具。

拓宽社交圈子。

多和学霸交流，切记不要只盲目崇拜一个人，而是要多和不同类型的学霸接触。他们有的善于分析，有的勤于实践，有的视角独特，每个人都能为你提供一套新的学习方法，人脉圈子越广，你更新知识的概率和效率也就越高。

掌握交流技巧。

占用他人的时间让自己获得提升，这不能看成是对方理所当然的付出，所以你要学会礼貌地请教、巧妙地询问、认真地倾听，让对方看到你虚心请教的诚意，你才有机会得到对方毫无保留的知识传授。

学会"偷取"精华。

学霸的时间很宝贵，很难拿出大段的时间和你讨论，特别是在你们的能力水平不对等的情况下，所以你可以采取"偷艺"的方式。比如两个学霸在交谈时你在旁边偷听，或者学霸在辅导他人时你虚心地旁听，这些都不会引起对方的反感，而你也通过"蹭课"的方式斩获了新的学习成果。

爱因斯坦可以算是个"超级学霸"了，他是怎么保持知识更新的呢？他在11岁的时候就读完了一套通俗的科学读物，从此一发不可收地爱上了科学，12岁时又自学了欧几里得几何，13岁又开始自学康德的哲学。虽然读了这么多书，但爱因斯坦从来不搞不必要的死记硬背，而是每每学到一些新知识以后就和同学在一起讨论，大家你一句我一句，都沉浸在交流学习的乐趣中，又促使每个人不断学习新知识。

如果你身边缺少学霸资源，没有适合交流的学习伙伴，那也不必着急，可以通过自我反思的方式推动知识更新。

在反思前收集信息。

反思不是盲目的，而是要先收集全面真实的信息作为反思的基础，这样才能获得正确的认识。比如，你刚学会了办公自动化，但不确定这些知识是否符合当今大型企业的工作风格，那就可以从网上搜集一些案例，对照你掌握的知识查漏补缺。当然，你搜集的案例越新越全面，检测出来的结果就越贴近现实，这样一来，你就会发现自己的知识漏洞，修补更新之后，再去应聘时就能游刃有余地回答面试官提出的问题了。

态度必须端正。

如果你只是为了走过场而反思，接下来你所做的不过是在浪费时间而已。你要在反思的过程中保持客观和理性的态度，要有"我的知识可能不够新"的预设立场，这样才能赋予你全力查找漏洞的动力。当然，这种立场也不宜过于强硬，不能为了更新而更新，还是要以客观事实为出发点。

方法要正确。

反思不是坐在某处干巴巴地思考，而是要用科学的方法去得出某种结论，比如数据挖掘法、求同存异法等。比如你刚学习了网络营销，为了验证理论的可行性，你就要收集一些假想的分析对象，然后用你掌握的营销知识不断分析客户信息。如果这套理论存在漏洞，你必然挖掘不出有价值的数据，比如客户画像不全面、客户消费行为无法预判等，这就意味着你要更新知识库了。再比如，你学习了商业设计之后，为了检验它是否能为甲方的需求服务，可以再参考一套相似的设计理论，用两种不同的思路去设计作品，如果都能通过甲方的审核只是存在细节上的差异，这就证明你掌握的设计知识是有价值的，反之，如果"异"远大于"同"，那你就要静下心去反思问题出在哪里了。

与他人分享。

反思本身是自我思考的过程，但反思的结果是可以和他人分享的。比如，你和朋友都参加了公众号文章写作班，毕业后你对学习成果进行了筛查，认为知识体系没问题，那你可以把这个结论告知朋友，从对方的视角进行二次筛查，就可能得出更符合客观实际的结论。

　　牛顿在少年时算不上神童，他资质平常，成绩一般，不过非常喜欢读书，尤其是介绍各种简单机械模型制作方法的书，只要被他找到都会贪婪地从头读到尾，然后就动手制作各种奇奇怪怪的小玩意儿，比如风车、木钟、折叠式提灯等。当然有时候会造出个"四不像"来，但牛顿从不因此气馁，而是反复琢磨自己哪里做错了推倒重来，这种反思精神让他的机械知识越来越丰富，手艺也越来越精湛。他把风车的机械原理摸透后，竟然制造了一架用老鼠带动（以玉米作为诱饵吸引老鼠，而老鼠却无法碰到玉米）的小风车。善于学习的人都十分重视知识的自我更新，这不仅是针对知识本身的迭代，也涉及了学习方法的更新和学习经验的修正。如果一个人缺少自省精神、安于现状或者懒癌上身，就会绕过这个关键环节，其结果就是可能掌握了低价值甚至无价值的知识库，一旦进入实践阶段就会疯狂翻车，这不仅会降低外界对我们的评价，也会贬低我们的社会价值，更会挫伤我们的学习热情。所以，为了确保学习目标的高价值性，我们必须在知识积累的过程中养成随时更新的习惯，提高学习的自觉性，提升知识管理能力，让我们把原本庞杂枯燥的知识体系变成自由流动的"活水"，帮助我们解决现实问题。

第四章

知识输入：建立大脑信息库

1.提高输入效率：化被动为主动

当你伏案苦读却依旧抓耳挠腮不得要领时，此时你可能会抱怨学习太难了或者吐槽自己太笨了，但你是否想过，问题的关键不在于学习的难度或是你的智商，而在于选择了错误的思考、学习方法。其实，在繁杂的知识面前疲于应付，正说明你采用的是被动式的学习方法。

如果把你比喻成一块海绵，知识就是水，那么在密度不同、外力不同等的条件下，吸收的水量必然也是不同的，这就是"学习吸收率"。对此，美国哈佛大学构建了一个"学习吸收率金字塔"模型，分别展示出不同的学习方法下的学习吸收率，比如传统学习中的听讲和阅读，又如现代教育理念推崇的实践学习等，最低的学习吸收率仅有5%，而最高的则能达到90%。

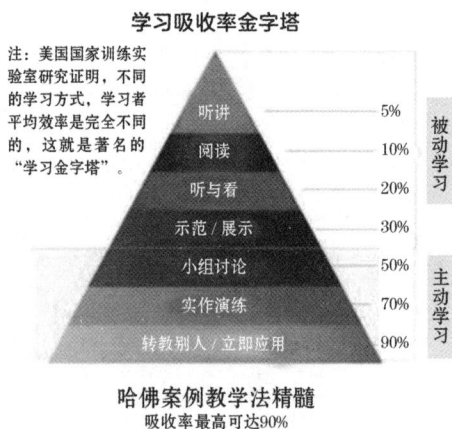

根据图24，我们可以把学习方法大体分为被动学习

学习吸收率金字塔

注：美国国家训练实验室研究证明，不同的学习方式，学习者平均效率是完全不同的，这就是著名的"学习金字塔"。

学习方法	吸收率	类型
听讲	5%	被动学习
阅读	10%	被动学习
听与看	20%	被动学习
示范／展示	30%	被动学习
小组讨论	50%	主动学习
实作演练	70%	主动学习
转教别人／立即应用	90%	主动学习

哈佛案例教学法精髓
吸收率最高可达90%

图 24

和主动学习。前者就像是把水浇在一块海绵上，吸收率相当有限；而后者是把海绵主动浸泡在水中慢慢浸润，吸收率自然翻倍。

当然，主动学习并非一个新概念，但真正愿意尝试且能掌握要领的人并不多。因为在经历了漫长的学校教育以后，我们或多或少习惯了填鸭式的教育方式，毕竟被动学习不需要我们再费力地主动获取知识，只需要默默等待老师"投喂"即可。但你是否想过，习惯了被动学习会让我们形成一种定式思维，进而用这种僵化的思维方式去记忆，导致学习效率降低。

思维发生固化

一般来说，人的思维可以从三个维度去理解：**一是生理维度**，也就是大脑的基本功能是否正常、是否存在天赋领域等，这个维度和基因与年龄等因素相关；**二是认知维度**，也就是一个人在后天训练或养成的认知水平和认知习惯；**三是信息维度**，也就是认知的对象，但它并非绝对客观存在的，是在我们的认知操控下有意识或者下意识筛选出来的信息。

形象地来说，生理维度就是一台机器的所有硬件，认知维度就是机器的操作员，信息维度就是机器需要加工的原材料，无论哪个环节出现问题，都会影响思维的正常运转，也就是我们的思维朝着错误的方向发展。那么，所谓的思维固化，就是三个维度中至少一个出现了问题，比如生理维度的脑功能退化、认知维度的分析水平下降以及信息维度的虚假信息。

在课堂上，老师总会用具有代表性的案例传授知识，这对于我们以点带面地理解知识精髓、构建知识体系是有益的，但这种被动学习会形成一个限制：我们围绕经典案例进行思考，也就是在认知维度上灵活性下降，导致在加工信息时犯错。比如，老师为我们展示一堆苹果的照片，然后教会我们加减法，我们的确学到了知识，但是当下次再见到类似的照片时，我们还会下意识地去练习加减法，关注点在苹果的数量上，而忽略了苹果的颜色、排列的艺术感等其他因素。在这种情况下，我们的思维会受到极大的限制，长此以往就失去了创新精神和创新意识。

习惯机械记忆

对于初次接触某类知识来说，死记硬背是最简单最直接的办法，理论上，它可以通过量变引发质变，在我们牢记一定的知识之后逐渐掌握灵活运用的技巧，这就是"熟能生巧"的价值阐述。但问题在于，这个质变的过程并不会在某个时间段提醒我们"质变完成了"，只能交给我们自主判断，结果就造成了持续的死记硬背，只会输入信息却不懂得输出信息，学习效率自然不会提高。

图 25

归根结底，思维固化是机械记忆的表现，机械记忆是思维固化的原因，所以要想从根本上避免丧失创新思维，就要从根上改变机械记忆的习惯。

一方面，我们要正确认识机械记忆的存在价值。

机械记忆是一种"输入型"的学习方法，属于被动学习范畴，比如老师教了 10 个单词，学生就去背诵这 10 个单词。在基础知识积累的过程中，这种方法是奏效的，因为它所追求的核心目的就是被动输入，只要你记住了，就算成功了。大多数人稍微上点心就可以做到，更重要的是，我们的考试也是为机械记忆服务的，设计的题目大多数是围绕"输入型"的学习特点展开的，所以能够通过并拿到高分的人是适应这种学习方法的。

综上所述，机械记忆有存在的合理性，如果不对考试模式进行彻底的改变而盲目地否定机械记忆是不理智的，而且在打基础的阶段机械记忆有其合理性，因为很多问题是随着知识的不断掌握才慢慢理解的，在达到这个阶段之前只能依靠死记硬背。

另一方面，我们要看到机械记忆已经不适合时代的发展了。

机械记忆的存在合理性是有前提的，那就是针对应试教育。然而随着时代的发展，学习本身也在不断变化，最直接的表现就是机械记忆的缺陷逐渐暴露出来。虽然它还是掌握基础知识的必要方法，但想要依靠它去成为站在知识宝典顶端的人已经不可能，甚至连它依存的应试教育模式也在不断遭受质疑和挑战，这意味着我们必须正视机械记忆的价值究竟有多大。

一个非知识分子的家庭出了好几个高才生，有人问父亲培养孩子的秘诀是什么，父亲说自己没什么文化，怕辅导不了孩子功课，于是就每天让孩子把老师讲过的知识再重复一遍。在父亲看来，这相当于孩子交了学费自己也能跟着学习，没想到几个孩子因此牢记了课堂知识。而这位父亲并不知道，他的这套方法就是学习吸收率金字塔中的"转教别人"，属于主动学习的范畴，是在输入知识之后主动输出，但它并非输入知识的反向操作，而是一种延伸，通常有两种有效手段。

第一种，动笔记录。

我们在学英语的时候为了训练听说能力，有时专门去找外国人对话，这就是在输出知识的过程中主动学习，查漏补缺，从而快速提高。同理，学习写作也是一种输出型学习，因为写作本身是一种脑波的逻辑性输出，但我们在动笔之前也就是停留在构思阶段时，由于大脑思维的跳跃性和模糊性，很多细节会被忽略掉，所以在这个阶段我们察觉不出写作时会遇到的具体困难，反而会自信地认为文章已经"成形"了。只有当我们真正动笔写作时，大脑必须按照一定的逻辑和方式来输出，这样才能优化自身知识结构，加深认知和理解。

第二种，学以致用。

前面说到的父亲让孩子复述课堂知识以及美国学者的实验就是"学以致用"，这个过程看似简单，但其实并非复述别人讲的内容。因为一来你不可能一字不落地都记住，二来你的大脑会下意识地进行信息加工，所以你转述给别人的知识就是你消化过的知识，而在转述的过程中，你还要应对别人提出的问题，同时还会产生新的想法，这些互动环节都能帮助你巩固知识。

现在我们可以得出结论：学习的本质是输出，而非输入，输出是主动行为，输入是被动行为。

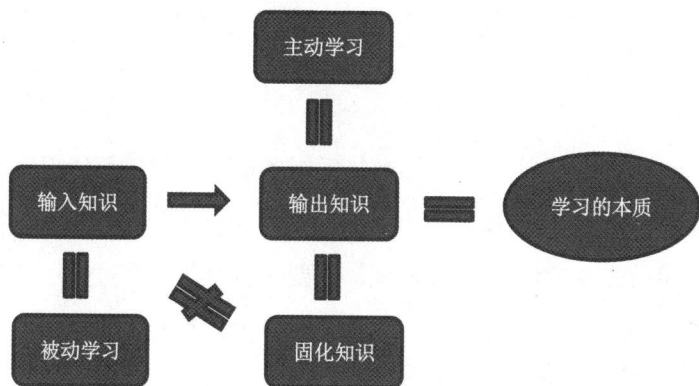

图 26

当你认识到这个本质以后，你会发现学习并不难，你只需要把学到的知识再使用一次甚至再讲给别人一次，就能使其在你的脑海中扎根更深。高质量的学习，是让知识主动地"流动"起来，要与应用场景相结合，要与变化的时代相结合，要与不同的对象相结合，这样的知识才是属于真实世界的知识——它必须让人可以与时代同步，才能变成有价值、有意义的存在，通过知识的运用去理解我们的身边事物乃至整个世界。

2. 一刷知识点：快速阅读法

学无止境，只有通过不断的学习才能补充和更新知识库，才能持续地完善自我，成为一个符合时代要求的人。当然，想要"占有"知识并非一蹴而就，需要至少经历三个过程："邂逅""重逢"和"回眸"。在每个环节中，我们对知识的认知程度都应有所提高，而我们需要掌握的学习技巧也各不相同。

"邂逅"指的是我们和知识的第一次"亲密接触"，此时知识还在我们的头脑之外，我们要做的就是通过科学的输入方法将知识首次迁移到大脑中，而输入的主要途径就是阅读。

笔者接触过两类学生，一类是抱着书一个字一个字地看，似乎非常认真，但是放下书以后，你问他们都学到了什么，他们常常只能复述不到一半的内容，还有一类是漫不经心地翻着书，眼睛扫来扫去，放下书以后能复述至少80%的内容。笔者不禁感叹：阅读听着简单，真去实践的话还是有天壤之别的。

其实，那些阅读效率高的人，并不是从哪里"偷"来时间读书的，而是阅读的效率高。当有的人还在死磕第一页的时候，人家已经一目十行地阅读第五页了，而且高效地完成了知识输入，这是因为他们掌握了快速阅读的方法。

南朝梁武帝萧衍的三儿子萧纲，从小聪明机敏，据说六岁就能写出华丽的文章，他之所以能挥笔成文，与他超出常人的阅读量和阅读速度有关。原来，萧纲一眼就能看完十行文字，被人称作"十行俱下"，在别人还在逐字逐句地理解时，他早就抓住了要害。慢慢地，萧纲通过高效的阅读博览全书，成了一个知识渊博的人，最后继承王位，是为简文帝。

根据研究可知，人类的阅读速度为每分钟300—600字并仍有提升空间，因此从理论上讲，一目十行是可以做到的，这就需要锻炼一项技能——眼球快速运动。

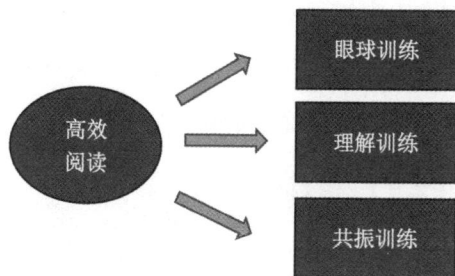

图 27

第一，眼球训练。

为什么要赋予眼球如此重任呢？因为一目十行的重点是在"目"，如果你的眼球做不到高速运动，就只能逐字阅读，那是最低效的阅读方式。只有让眼球快速转动，才能在极短的时间内把字连成词，再把词连成句子，当你习惯了这种阅读方式以后，大脑接收信息的能力就加强了。那么问题来了，如何训练眼球运动呢？

最简单的办法就是用手指作辅助，指着书中的一行字快速移动，吸引眼球跟着扫视，这样就能在客观上加快速度，当然在训练的初级阶段你的手可能会很累，不过你可以通过循序渐进的方式逐渐摆脱手的束缚，比如开始设定20秒读完一段话，然后回顾大概内容，合格之后就缩短为15秒，经过几次训练之后，你的大脑会自动浮现出一个虚拟的手指，你就不再需要辅助工具了。

除了提高眼球的运动速度之外，我们还要训练视野的宽度，也就是把视点放大到我们阅读的这一行之外，用余光捕捉文字，这个我们可以参考训练眼球转动的方法，用两根手指参与，一根指着当前行，另一根指着下一行，经过反复的缩短时间训练后，第二根虚拟的手指就会浮现在我们的大脑中了。

第二，理解训练。

仅仅训练眼球是不够的，我们还要提高大脑的理解能力，方法是抓住书中的关键词，通过关键词去揣摩作者接下来要表达的含义然后进行推理，进而预估出本段或者本页要讲述的大致含义。具体的训练方法是，用笔在段落中画出几个关键词，然后将视点集中在关键词上进行跳跃式阅读，绕过那些不影响我们理解内容的字词和句子。我们可以看下面这段马哲知识点的总结文字，如果你只盯着画线的部分看，是不是可以提取出最核心的知识点呢？

矛盾的同一性的作用表现是：第一，矛盾双方相互依存是事物发展的前提。矛盾双方的相互依存是事物存在的基础，也是事物发展的基础。第二，矛盾双方相互利用、相互吸取有利于自己的因素，促进自身的发展，从而推动整个事物的发展。例如，植物和动物之间，植物通过光合作用吸取二氧化碳，放出氧气；动物正好相反，吸取氧气，呼出二氧化碳，它们就是这样相互利用、相互促进的。

第三，共振训练。

　　"共振"是一个物理学专业术语，但它可以广泛地应用在其他领域，比如人与人之间在心灵上的默契就可以理解为共振。有了共振效应，我们就能更好地理解作者、出题人的思路，就能快速融入它的知识结构中，速度也就加快了。换句话说，共振训练是更高阶的"一目十行"训练。

　　一本书或者一套题的思想融汇，往往是作者、出题人多年经历的成果，那么理解作者的思想核心就非常重要，如果你距离核心越远就越无法汲取到其中的精华，所以想要产生共振效应，就要先揭开作者、出题人的思维密码，实现和对方的思维共振。具体的方法是，打开书以后，在每个段落中都搜集到一些关键词，通过关键词去了解作者的表达重点。比如在一本历史书中，作者反复强调了"战略位置""地理环境""海洋文明"等词语，他很可能非常看重"地缘政治"对历史发展的推动作用，那么在接下来要阅读的段落中，你可以尝试先入为主地代入这种观点。如果发现正是作者要继续表达的，就说明你和作者已经展开了初步的共振，顺着这个节奏阅读，你甚至可以达到"一目十段"的阅读速度，因为你已经掌握了作者的核心思想。

笔者认识一位学科带头人，不过 30 岁出头却年轻有为，她喜欢买书、藏书，更擅长读书。听她说，每天看书前会先拿出三分钟的时间做准备：一分钟用来调节呼吸，通过五秒呼气五秒吸气的节奏让自己处于放松状态；一分钟用最快的速度翻遍整本书，产生对书的亲近感；最后一分钟一边看封面一边思考"为什么我会买这本书""我如果遇见作者会问什么问题呢"。完成这三分钟的准备工作，她才开始真正的阅读。笔者尝试过这个方法，有一种"神清气爽"的感觉：对书产生了感情，愿意去了解它，也更善于去理解它。

种种事例足以证明：想要提高阅读速度和深化理解程度，就应该按照科学的方法逐步推进，需要眼球和大脑同步得到强化训练，有一个训练不到位都会影响最终效果。因此在初始阶段不能心急，不能贪多求快，不要把一目十行当成痛苦的任务，而是要在放松身心的情况下慢慢尝试，这样我们才不会失去阅读的快感，从而保证学习的兴趣不减。毕竟，阅读真的是一件让人快乐的事，你觉得呢？

3. 二刷知识点：词义解析法

文字是知识的载体，一般来说，我们在学习中遇到的各类词汇就是最小的载体单元，比如在"被动语态（Passive voice）"这个知识点中，"主语与谓语动词之间的关系"是核心解释，而只有搞清了"主语"和"谓语"分别囊括的词语类型，才能真正理解"被动语态"的释义，那么对这几个关键词的解析就成为学习知识点的关键。

我们在一刷知识点的时候，往往掌握的是整体的、模块化的知识，虽然不够细腻，但有助于我们快速理解知识点。如果只停留在这个程度，就无法深入理解知识点，自然也谈不上活学活用。所以在二刷知识点的时候，我们要把学习的重点放在如何吃透词义上，这样才能将知识全盘吸收，转化为我们解决问题的思维方式和有效工具。

解读词义，就是在抓住知识的细节。有些人读完一本书后，让他总结中心思想，可以总结出来。可让他找出文中对应的细节时，往往就会一头雾水了。

鲁迅的《孔乙己》中有这样一段描述：

"孩子吃完豆，仍然不散，眼睛都望着碟子。孔乙己着了慌，伸开五指将碟子罩住，弯腰下去说道：'不多了，我已经不多了。'直起身又看一看豆，自己摇头说：'不多不多！多乎哉？不多也。'于是这一群孩子都在笑声里走散了。"

　　这一段并没有什么重要情节的推进，只是一处细节描写，却寥寥几笔就将孔乙己的人物形象描写出来："多乎哉？不多也。"通过解析词义可知这是一句文言常用语，在小酒馆这种地方根本用不上，更不要说像孔乙己这种落魄的人了，但正因为有了这几个字，才把一个穷困落魄又带着几分虚荣心的科举考试的牺牲品描写出来。当然，如果你是第一次学习这篇课文，或许在老师的讲解和辅导资料的帮助下，你也能明白《孔乙己》的中心思想，当让你找出对应的细节，就只有通过二刷阅读才能做到了。

　　清代学者王国维拥有古文字学家、古器物学家、古史地学家、诗人等多个称号，他曾在《人间词话》中提出过这样的三种境界：

　　　　第一境界——明确阅读目的。王国维立志成为一个词人，这就给了他明确的阅读目标，所以他从 16 岁开始就刻苦研读《史记》《汉书》等作品，从中汲取中国传统文化的根基脉络，最终写出了《人间词》和《人间词话》等不朽之作。有了阅读目的，才能端正态度，一个人和书本的"缘分"也就此开始，于是才有了第二和第三重境界。

　　　　第二境界——为阅读付出必要的"牺牲"。这个境界是最关键的也是我们要着重介绍的，一个人要想积累学问就要牺牲大量的时间和精力，这是实现高质量阅读的必要保障。王国维年轻时非常崇尚新学，因此努力学习英语和日语，牺牲了大量的业余时间，目的就是能无障碍地阅读原著。因为掌握了作者的母语，所以才能准确地解析关键词，而不是依靠翻译的词义转化（毕竟容易出现主观上的理解偏差），这种竭力求解的态度，让王国维对知识的理解和吸收提高到了新的层次。

第三境界——知识升华，这个境界意味着一个人从阅读学习到个人综合能力的提升以及人生态度的转变，也就是我们在阅读后产生的长远影响，代表着我们和书本之间最深层次的联系，比如我们通过阅读掌握了为人处世之道、修正了三观等。

王国维的"第二境界"就是我们解析词义要达到的状态，它是对知识点的深耕和精解。虽然听起来有些难，但实践起来总有一些窍门，最直接的办法就是通过作者的暗示，这些暗示可以从词汇选用和措辞方式等方面入手。

第一，特殊标记的词汇。

文章不只是由词汇组成的，字词在页码上如何排列、呈现也非常重要，它可以为我们提供有价值的参考信息，如同坐标一样帮助我们找到需要解析的关键词：大写的词语，可能是在暗示和主题有关；有下划线的词语，往往代表着需要着重理解且有一定难度的内容；斜体字印刷的词语，是值得我们特别关注并记忆的信息；列在纵栏中的条款，是简单归纳出来的知识要点；加上方框的正文段落，通常是在考试大纲范围内的重要知识点；编了号码的段落，是明确分出顺序的知识点集合……总之，大部分用特殊方法标记出来的词汇，都值得我们用心研读。

【复习攻略】（2011 辽宁高考大纲解读）

首先，在基础知识方面，需要考生查找自己知识点的漏洞，尤其是在文言文实词、文言文常见句式、64 篇文言诗文背诵篇目、正确使用词语（包括熟语）方面，要狠下力气。

【2022 年全国高考语文大纲解读】

突出对语文应用能力和一定的审美能力、探究能力的考查；语文应用能力的考查：包括对识记、理解、分析综合、表达应用及评价等根本能力的考查；审美能力的考查：包括对文本艺术和科学美的感受、品尝、赏析能力的考查……

第二，提示性的措辞方法。

有时候，作者也会通过有提示性的措辞方式暗示传递信息的重要性，这就需要我们在阅读中捕捉一些特殊用法："首先……"，往往代表着后面有依次排序的信息，是一个高密度的知识集合；"因此……"，代表作者即将要给出一个结论，很可能是总结性的知识；"另一方面……"，表示作者要从一个新角度来阐述问题，你的知识体系会变得更完备；"比如……"，表示作者要举一个有代表性的例子，这能帮助你顺利地消化吸收知识；"在很大的程度上……"，代表这是一个大概率的结论，具有一定的普适性……归根结底，每当作者有重要信息、观点或者疑问要抛给读者时，都会用一次有标志性的措辞提醒读者注意，而在这些"路标"的附近，就有值得我们去深度解析的词汇了。

现在，我们选取一篇论述哲学、科学和宗教的文章片段，来抓取一下有哪些关键词是辅助我们理解文章主旨的。

> 对哲学的泛化理解弊端很多，可能导致对哲学特质的迷失。有些人把哲学稀释成人生哲理和道德信条，哲学特质则荡然无存。可能导致对传统思想的歪曲理解。比如"中国哲学史"至今都不能完全摆脱西方哲学的概念范畴和框架方法。

特殊标记的词汇 → 词义解析 → 巩固知识
提示性的措辞方法 →

图 28

在这个片段中，作者指出了哲学泛化理解造成的弊端，但都是理论部分，如果不结合事例很容易出现理解偏差，所以"比如"后面的列举部分就非常重要，因为即使你未能完全理解前面的论述部分，通过该案例也能大体明白作者指出的弊端在哪里，从而提高阅读效率。

在解析词义时，我们往往会遇到一些会造成阅读障碍的问题，比如产生了歧义或者读不透彻等情况，一般来说会有以下三种可能。

1. 无法理解一些技术术语

在学校教育中，有老师的辅导会让我们更容易理解教材，但二刷知识点往往是自学阶段，这时候我们可能会发现自己并不能真正参透某些词义，比如一些生僻的术语。遇到这种情况，最直接的解决办法就是购买参考书，当然也可以通过互联网去查找，不过后者在准确性和权威性上要差一些，只适合作为辅助手段。切记，不要因为懒于查询而轻易放走了那些生僻术语，这会为你日后运用知识埋下隐患。

2. 无法理解论证的过程

有些作者虽然水平较高，但在传授技巧上稍显不足，就会导致读者看完后不明就里，尤其是思辨性的论证。碰到这类困难不要着急，可以多读几遍尝试理解，如果还是读不懂，那可以请教老师、同学或者身边有相应知识能力的人，切勿不懂装懂，因为在三刷知识点的时候你还是绕不开这个问题的。

3. 无法理解作者的三观

当作者的观点与你的思想相悖时，你就会本能地排斥接受对方的观点，这在成人自学中尤为常见，一方面是世界观已经形成，另一方面是没有老师明确引导。但无论如何，只要你确定没有选错书，都应该暂时搁置争议，不能让你和作者的观点分歧影响学习，毕竟你二刷知识点的目的是更好地吸收知识，还没到有能力、有时间去质疑的节点。

解析词义，是我们吸收和巩固知识的关键步骤，它在一刷知识点和三刷知识点之间起到了重要的桥梁作用。如果这个阶段我们埋下了隐患，那就会造成知识体系中漏洞百出，难以让我们获得实质能力的提升。

4. 三刷知识点：回顾学习法

"温故而知新，可以为师矣。"孔子的这句话流传了两千多年，也让人们意识到复习的重要性。不仅在学习上，在经营管理中，"复习"的变体"复盘"也成为企业总结经验教训的必由之路。

一刷知识点是初次吸收，二刷知识点是深度消化，三刷知识点就是彻底巩固。能否把知识留存在大脑中，三刷这个环节尤为重要。但是有些人并不理解三刷知识点的技巧，只不过是把二刷知识点的方法重来了一次，即反复阅读，解析词义，这其实仍然在二刷的范围之内，因为考量你是否牢记知识的关键在于回顾。

当你把视线从书本上移开，在脑海中试着回忆一下，还有多少知识点能浮现出来，这个留存的体量就预示着你最终掌握知识的程度。当然，回顾不是简单的回忆，而是通过这个过程加深对知识的理解，能够帮助我们在大脑中构建出知识模块，当我们需要用到它们时，能够快速提取出来，这就是和一刷、二刷存在本质差别的地方。

北京有一位文科状元，她就是一个善于温习知识的学生。复习政治时会分为四步走：先牢记知识点，再提取出一个框架，接着对框架内的知识结构系统化，最后往里面补充细节。复习历史的时候也大同小异：先是翻书产生一个模糊的印象，然后在做题时发现知识点掌握不牢的地方，最后进行总结。

三刷知识点，就是将一刷时产生的印象和二刷时吸收的知识作为基础，将其升华变成系统性的知识体系，也就是说走到这一步的时候，你的脑海中已经建立了一个"信息库"了，它能随时帮助你对知识进行回顾。比如在回顾"函数图形"这个概念时，你能回想起列表、描点、连线这三个关键词，这就代表你掌握了描点法画函数图形的基本功。所以，我们要每隔一段时间进行一次回顾并将这个习惯持之以恒，这样你唤起关键词的速度就会变快，直至变为一种肌肉记忆。

既然回顾能巩固知识，那是否有快速适应这种学习方法的诀窍呢？我在这里讲三种方法。

第一，场景替换法。

我们在学习知识时，总会有一个固定的场景，或者是教室，或者是补习班，或者是线上学习专用的书房，这些熟悉的场景会让我们产生一种依赖性——把知识和场景绑定。打个比方，当你需要用现在完成时去写一段英语作文时，你可能会绞尽脑汁回想那天老师站在讲台上都说了什么，但因为你身处考场，现实场景和回忆场景并不一致，这就会让你产生不适进而神经紧绷，把本来可以想起的内容诡异地丢在了脑后。

既然我们对场景有依赖性，那就必须打破这个坏习惯。当我们在回顾知识点的时候，一定要脱离一刷时的固定场景，找到多个新场景进行回顾，这样一来，当我们在考场需要提取知识时，脑中浮现出的场景就会丰富起来，就能减少紧张感，因为知识已经融入我们的生活中（和多个场景产生依赖）。

第二，"八面受敌法"。

苏轼在《又答王庠书》中介绍了自己独创的一种读书方法："少年为学者，每一书皆作数过尽之。书富如入海，百货皆有，人之精力，不能兼收尽取，但得其所欲求者尔。故愿学者每次作一意求之。"这段话的意思是，一本好书就像是一片知识的海洋，内容丰富，如果我们想要了解这片海洋，最好只带着一个目标去阅读或者就问题的一个方面展开探究，而不是同时涉及所有方面。苏轼的这种阅读方法被称为"八面受敌法"。简单来说，就是集中优势兵力攻破一点，这样才能把有限的力量提升到最大，避免被八面包围的危险。同理，我们在运用回顾学习法的时候也不要贪多求快，可以依照"少量多次"的方式，即每次只回顾一个知识要点，这样既能给我们减少压力，还有助于彻底理解知识。

很多时候，一本书或者一门学科包含的内容是五花八门的，只要我们切换一个角度，就可能获得完全不同的信息，当我们每次都瞄准一个点切入时，就能收获一个新角度的知识内容，就会把一本书越读越"厚"。比如，苏轼在读《汉书》的时候，一刷知识点时，他想要获得"治世之道"的领悟，所以他就在通篇文字中寻找有关治世的内容；二刷知识点的时候，他想了解"用兵之法"，于是他就注意那些与兵法有关的段落和词句，相当于进行了词义解析；三刷知识点的时候，他想要弄清相关的人物和官制，于是就着重阅读并回顾有关政治方面的内容……经过多次重读之后，苏轼对《汉书》的了解就非常透彻了。

第三，保持回顾的节奏。

回顾学习法是三刷知识点，但怎样判断三刷，是很多人感到困惑的地方。如果刚学完一篇短文，二刷找关键词加深理解后，接下来就是三刷回顾了吗？其实，三刷的时间节点要掌握准确：既不能刚学完一点就马上复盘，这样会影响我们学习新知识的进度，也不能学了半本书再去复盘，这样很可能什么都想不起来。所以，这需要根据不同的学习要求来判断，比如"背诵"和"理解"就是不同学习情境下的需求。

文科需要背诵的知识较多，所以建议在教材学到 2—5 页时就停下来，开始二刷和三刷，三刷时可以用 5—10 分钟的时间回顾自己学习的内容，可以根据教材的分量和难易度酌情增减。回顾时，可以根据目录、标题、粗体字来作为"回忆大纲"，确保知识的系统化和全面化。这样，庞杂的知识点才可能被我们一字不落地收录到大脑中。

理科需要背诵的并不多，但是需要理解的很多，所以建议在每学习1—2页时就回顾一次，中间不要忘了二刷时对定义、公式进行词义解析。之所以比文科频繁是因为理科的知识点往往环环相扣，没理解一元二次方程就不可能做对二元二次方程。由于理科的章节划分更有逻辑性，所以在零散的知识点三刷之后，还可以以章节为单位进行"整体三刷"，即这一章掌握了哪些公式，分别对应了哪些经典例题。

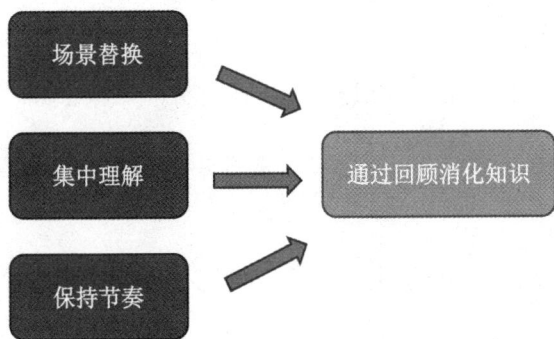

图 29

三刷知识点时，我们可以和二刷知识点用到的词义解析法相结合，即找出几个关键词，回顾它们的定义并尝试用自己的话去表达出来，这样才能让大脑完成对信息理解和整理的两个步骤，把书本知识内化成自己的思想工具，正如费曼所说："人们用已知的知识来解释新的想法，这是一件很自然的事情。概念是一层层堆积起来的：这个想法是由那个概念解释的，而那个概念又是由另外一个概念来解释的……"用关键词回顾学习内容，就是让我们把熟悉的、陌生的和未知的概念串联起来，统一纳入我们的知识体系中。

　　需要注意的是，当我们在使用"回顾学习法"的时候，要能精确地找到我们的弱点，将弱点攻破以后，我们才具备了把知识转为长期记忆的可能。或许对某些人来说，回顾是一项既痛苦又枯燥的活动，没有一刷知识点时那种新鲜感，也没有二刷知识点时的探索欲，但如果我们忽视三刷的重要性，就会将前面的工作浪费大半，也无法产生强烈的学习成就感。回顾，不仅是对知识的复盘，更是对我们学习生涯的复盘，它并不枯燥，反而能记录我们在求学道路上的点点滴滴。

5. 刷下去的动力：学会奖励自己

　　当你在经历了一刷、二刷、三刷知识点以后，会逐渐感到疲倦、消沉、效率低下，此时不管怎样鼓励自己，都有一种力不从心的感觉，似乎学习陷入一种停滞的状态。在心理学上，这种现象被称为"学习的高原时期"，不论你是学渣还是学霸都可能遇到。为了避免在这个阶段对学习失去兴趣，产生负面的情绪波动，我们就要学会奖励自己，以便顺利度过这个困难时期。

　　当然，有人会说，三刷知识点本来就很累，此时我需要足够的休息时间，再或者就是我遭遇了学习的瓶颈，什么方法都不管用的。之所以会有这种观点，是因为你还没有摆正心态。

一个印第安小男孩捡到了一只鹰蛋，然后将其放进了松鸡的窝里，鹰蛋孵出的小鹰就和其他松鸡一起长大，小鹰也从来没有怀疑过自己就是一只松鸡。有一天，长大后的小鹰看见一只健壮的大鸟在空中翱翔，十分羡慕，旁边的松鸡告诉它："那是一只鹰，是鸟中之王，你永远也不能像它那样飞翔。"从此，这只"松鸡鹰"再也没有想过这件事，它从没有振翅高飞过，最后慢慢地老死了。

学习的确辛苦，但通常还没有到能把人累垮的程度，很多人之所以觉得"身心俱疲"，不过是给自己的懒惰寻找个借口罢了。我们在奖励自己之前，首先要做的是坚定信念，让我们确定学习最终会有所收获，这个"收获"的信念一定要强于对奖励的渴望，因为奖励只是外在的，收获是内在的，我们要把学习中的收获定义为"终极奖励"。否则，我们没有收获的信念却只有索要奖励的欲望，那就会本末倒置，变成功利性的学习。因此，我们所说的奖励，要配合科学的心理机制，绝不能简单理解为物质上的回报，我们接下来列举三种容易操作的方法。

第一，调节气氛法。

谈话有谈话的气氛，观影有观影的气氛，学习自然也有学习的气氛。一般来说，在没有主动意识的前提下，我们的学习氛围往往都是压抑的、刻板的：一张堆满教材、工具书以及各种试题的书桌。在这样的氛围中学习，的确很容易感到枯燥。所以，我们不妨调节一下气氛，把厚厚的工具书换成一个你最喜欢的公仔或者模型，或者把近几天发生的好事情写在纸上贴在周围的墙面上，这样，我们就获得了让自己愉悦的外部环境。

哈佛大学心理研究中心曾经做过一个实验，他们将51名学生分成两组，一组以愉快的方式上课，另一组在枯燥的氛围中上课，结果三个星期过后，前一组的学生记忆的知识要明显高于后一组，根本原因就在于学习气氛的差异。事实上，当我们心情愉悦时，大脑就会处于最佳的学习状态，因此，一个让人喜爱的玩具（要避免在学习中把玩，自制力差者慎用）、一张能勾起我们幸福回忆的合影、一个即将到来的假期旅行计划等，都可能冲散我们的负面情绪，让我们快乐地投入三刷知识点的学习活动中。

第二，制造意外法。

意外的惊喜往往能给我们带来巨大的快乐感，这种惊喜往往带有奖励性质，但生活毕竟不是影视剧，没有导演和编剧为我们安排意外，这时候我们可以当自己的导演，通过制造一些不影响学习计划的意外，改变我们当前的负面情绪。比如，你二刷知识点的时候试图吃透"形而上"和"形而下"的概念，却怎么也找不到切入点，导致你心烦意乱，这时你不妨临时改变一下学习计划，改学英语，通过听发音清晰的英语歌曲来提高听力水平，这样在美妙音乐和变换课程的作用下，刚才的烦闷情绪就得到了舒缓，而从学习总量上也没有拖延进度。

当然，如果你觉得这个方法还是"用学习来奖励学习"，也可以对奖励内容进行调整，比如原定计划是做完两套试题就可以吃一个冰激凌，可你解题解得十分不顺手，就可以临时调整为做完一套即可吃一个冰激凌，这样就提高了奖励对你的刺激程度和惊喜程度，有助于调整负面心理。

需要注意的是，奖励自己要注意尺度和原则。笔者认识一个 14 岁的孩子，每次考试前父母都许诺给他 100 元作为前十名的奖励，结果孩子胃口越来越大，最后表示不给 500 元就故意考砸给他们看。所以盲目的奖励要不得，你要给予的是"快乐的感觉"，比如把 100 元奖金换成"爸爸妈妈陪你看电影"或者"你来当咱家一天的小主人"，这样就能淡化物质刺激的味道。

第三，自我疏导法。

其实，对我们最实惠的奖励还是作用于身心的，但不能局限于吃喝玩乐这种低层次的奖励，当我们在刷知识点产生倦意之后，此时最需要放松的是我们的身体和情绪，这时深呼吸的方式可以帮助你恢复到最佳状态。具体做法如下：

放下你手中的书本和文具，用腹部深呼吸，记住要慢慢地吸气，让肚子逐渐鼓胀起来，然后再慢慢地呼气，让其恢复到原状。重复做 6—10 次，就能让你的思维和神经活动趋于常态，消除倦怠感，也能让你的心脏减压，让全身快速进入镇静的状态。这个奖励方法对于备考的人来说再合适不过了，因为头昏脑涨的状态可能会困扰你一整天，导致你在考试时无法发挥出正常的水平。

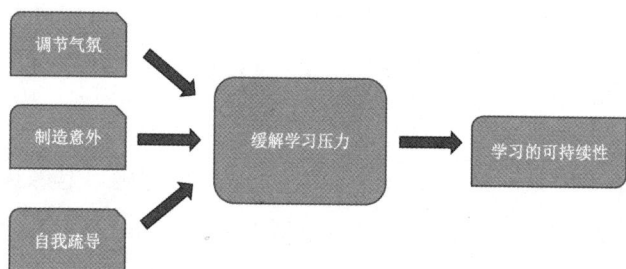

图 30

看起来，我们提供的奖励方法都"有点小气"，这是因为我们要尽量避免"奖励源于物质刺激"，这会转移我们的学习注意力，养成三分钟热血的学习习惯。所以，越是"朴素"的奖励方式，越能让我们不脱离学习的初心。

鲁迅先生从小酷爱读书，在他 18 岁那年，通过努力学习，以第一名的优异成绩考入江南水师学堂，从此他更是不敢懈怠，希望自己能够成为有知识有文化的人。后来他在考试中取得全校第一的名次，学校为了奖励他，发给他一个金质的奖章。按理说，这代表荣誉的奖章应该好好收藏，然而鲁迅却把它卖掉，买了自己最想看的书，另外还买了一些辣椒，这样在寒冷的夜晚看书时，吃着辣椒就能御寒提神了。你看，鲁迅的自我奖励就是这么朴素纯真，完全融合在整个学习活动中，起到了正面引导的作用。

学习本该是愉快的事，关键在于我们是否能把它融入我们的生命中，这不能只靠振臂一呼、打鸡血的方式，而是要从学习、工作和生活中的细节入手，让我们能够看到学习成果对我们的帮助，能够感知到学习的成就感，这样我们才能充分激活学习的主动性，在不断刷知识点的过程中增添动力，创造学习的可持续性。

第五章

知识留存：用怀疑主义武装头脑

1. 养成独立思维：给自己一个认可的答案

电影《倚天屠龙记》中有这样一段情节：武当派面临生死存亡时刻，张三丰临时传授张无忌太极的武学精髓，张无忌担心自己学不会，然而张三丰却告诉他："只重其意，不重其招，你忘记所有招式，就练成了。"

对学武之人来说，招式就是武学的载体，是前辈高手留下的学习样板，但如果终其一生只会复制别人的招式，那永远不可能成为一位武学宗师。所以，人必须在学习中有个人的观点、特有思维。

无论是老师教授的还是书本传授的，不过是我们参考的样本罢了，只有忘掉这些搭建好的知识载体框架，才能真正把知识转变为自己的实用工具。正如爱因斯坦所说："教育，就是当一个人把在学校所学都忘光之后剩下的东西。"

在知识经济时代，无论是教材上的还是从互联网上找到的，都无法成为你的优势竞争力，因为你可以学到，别人也可以学到，只会人云亦云永远都不能成为开创者。只有当你拥有了独立思维以后，才不会局限在别人设定的框架中，你才有创新的机会。下面，我们来看一道数学题：

一个鞋店老板接待了一位顾客，对方买了一双售价50元的布鞋，给了老板100元，老板把钱找给顾客以后，发现100元是假钞，而此时顾客早已溜之大吉。这双鞋的进价是20元，那么请问老板亏了多少钱呢？

相信大部分人都认为是亏了70元，但也有人认为高于70元，毕竟还有其他的成本支出，还有人认为高于100元，因为老板"损失了情绪"，但也有人认为损失低于70元，因为老板相当于花钱买了教训。总之，答案五花八门，那么标准答案是什么呢？

这个题目并没有固定答案。因为你可以从数学、经济学、管理学以及心理学等多个角度切入：从数学的角度看，老板赔了100元（布鞋的售价 + 找顾客的50元）；从经济学的角度看，老板赔了70元（布鞋的成本价20元 + 找顾客的50元）；从管理学的角度看，老板如果以此为教训加强对假钞的鉴别，就可能杜绝未来被骗，所以相当于"花钱买教训"，不算赔甚至有的"赚"；从心理学的角度看，老板因为被骗导致了对陌生人的不信任甚至可能留下心理阴影，那损失可能就大于100元了。因此，不同的切入点得出的答案自然不一样，但都有各自的道理，关键在于你是否敢于独立思考，不盲从于他人。

祖冲之是南北朝时期杰出的科学家，他在学习古代著作的时候，一方面汲取前人留下的智慧和经验，另一方面也保持独立思考，不盲从前人。正是在这种敢于大胆怀疑、提出问题的学习态度中，祖冲之在数学领域终于超过前人的成就，把圆周率推算到小数点后第七位，比欧洲科学家早了一千多年。

爱因斯坦曾说："学会独立思考和独立判断比获得知识更重要。不下决心培养独立思考习惯的人，便失去了生活中的最大乐趣。"其实，拥有独立思维并不难，只要我们找到正确的方法，具体可以从五个方面切入：

一、学会反思

当你经历了一次"小马过河"般的事件后，你因为盲目听从别人的意见而蒙受了损失，这时你的第一反应是什么呢？责怪给你提建议的人吗？当然不是，因为对方的初心也是为了你好，只不过站在了自己的视角。真正应该反思的人是你，如果你能由此找到自己和他人的差异之处，就能明白为什么会发生"彼之蜜糖，吾之砒霜"的事情了。这种自省行为会让你挑战自己原有的认知，虽然会经历一个痛苦的过程，但只要敢于迈出第一步，就能发现新的答案，从而重建你的认知体系。

二、强化读书成果

一般来说，人看的书越多，就越能锻炼持续思考的能力，但如果只是死读书，全盘接纳作者的观点，这样的读书成果就是极其有限的甚至还可能产生副作用。所以比较科学的读书方法是"通过书中 20% 的信息来获得 80% 的知识"，这和我们之前讲过的"一目十行"类似，只不过这次我们切入的视角是"避免被动全盘吸收而采取了精读和速读"。当我们的大脑只接收作者 20% 的信息量时，我们原有的思维体系依然占据主导，依然能对新知识进行筛选，经过打破和重组之后将新知识融入我们的思维中，而不是被作者"洗脑"。这样，我们就既吸收了知识又强化了筛选知识的能力，学习效果和独立思维同时也有了显著提升。

三、养成寻根究底的习惯

学习最怕浅尝辄止，它的危害不仅是让我们吸收的知识变少，还让我们乐于"不求甚解"，对万事万物都抱着敷衍的态度，时间一长，我们独立思考的能力就会被动退化，无论看待什么事物都承认其既定事实，从而错失了发现真理的机会。因此当遇到问题后，如果我们能养成好的"打破砂锅问到底"的习惯，就能举一反三，快速提升思维能力。想想看，如果牛顿、瓦特这些科学家都是不求甚解的人，他们顶多成为物理现象的发现者，而不会成为掌握背后规律的专家。

四、表达观点要谨慎

当我们在一个学习小组中要发表看法时，千万不要张口就来，要在说话之前厘清逻辑，确认自己的观点是否经得起推敲。因为一旦开口，即便说错了，我们也会为了面子而固执己见，这样一来就把"独立思考"变成了"偏执思考"。只有当我们认真检查观点中的漏洞时，我们才能为了修正观点而补充更多的知识和信息，大脑的知识库才能得以填充，独立思考就不再是"无源之水"。

五、尝试改变你的生活习惯

当一个人习惯于某种固定的生活方式之后，其思维也会容易固化，那么在面对某些问题时就存在误判的可能。有的人常年生活在南方，从没见过黑土地，于是就不相信世界上有"黑土"；有的人习惯喝咖啡但从不喝茶，就不相信茶叶也能提神醒脑。这种客观环境的束缚会让我们的视野和思维都变得狭隘。所以，我们要尝试跳出原有的生活圈子，多和一些陌生人交谈，多去一些没去过的地方走访，多品尝一些没接触过的美食……长此以往，不仅你的人生会变得更丰富多彩，你的认知能力也会得到提高。

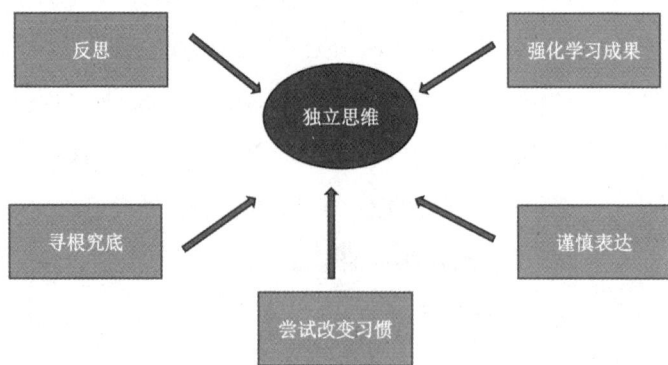

图31

说起独立思维，笔者就想起了九岁的小外甥女，有一次笔者给她讲了刺猬的故事："冬天，有几只刺猬感到很冷，于是打算聚在一起取暖，可是离得太近又会被刺扎伤，分开又觉得太冷，后来刺猬们就找了一个不远不近的距离，这样既不会伤害对方又能保暖。"说完这个故事后，笔者问小外甥女："你从这个故事中得到什么启发了呢？"其实，笔者之前给很多小孩子讲过这个故事，也问过同样的问题，有的孩子提到了"文明礼貌"，有的孩子提到了"刺猬不会烤火"，总之答案五花八门，而小外甥女的回答是："要有自己的独立空间。"然后就说起了她和好朋友的关系：好朋友总是想找她玩，她不想破坏关系就违心地答应对方，久而久之就失去了独立空间，她还说很怕长大以后身边也充满这种朋友。对于一个九岁的孩子能够想到人际关系中微妙的问题，实属不易，但这不能只归结为孩子很聪明，而是和她爸妈从小对她的培养有关：他们总是在讲完一个寓言故事之后，引导孩子说出一个与大众认知不同的角度，以此来培养她的独立思考能力。因此，她才能说出超越同龄人认知水平的观点。

哈佛大学的一位校长曾经在世界大学校长论坛上说："如果没有好奇心和纯粹的求知欲为动力，就不可能产生对社会和人类具有巨大价值的发明创造。"好奇心和求知欲，恰恰是独立思维孕育的结果。一个缺乏创新精神的人是不会追求新生事物的，只有把独立思维变成一种习惯，我们才能在学习、工作和生活中既不自以为是，也不排斥集体智慧，而是能够站在客观的视角上认识问题并想出最佳的解决方案，这才是一个人真正的价值所在。

2. 构建行动力：让你的怀疑有据可依

想要创新，就要打破常规思维，学会独立思考，而独立思考的第一步就是敢于怀疑。但是，怀疑不只是一个态度，更要通过行为让怀疑有据可依，否则怀疑就变成了抬杠。

俄国心理学家巴甫洛夫曾说："怀疑，是发现的设想，是探索的动力，是创新的前提。"怀疑的合理动力体现在：敢于提出问题和善于分析问题，至于是否能够解决问题，这取决于你的怀疑最终能否被证实。之所以没有把"怀疑"用作是否恰当来考量，是因为怀疑的最终结果往往不重要，关键是要有怀疑的态度和愿意付出的行动，这个思考过程对我们思维能力的提升是有价值的。因此从这个角度看，怀疑的驱动力就是敢疑和善疑。

敢疑就是不惧怕、不迷信权威。所谓先人流传下来的观念并非都是真理，权威人物也会犯错，比如古希腊著名思想家亚里士多德曾说："两个铁球，一个 10 磅重，一个 1 磅重，同时从高处落下来，10 磅重的一定先着地，速度是 1 磅重的 10 倍。"（另一举例说法是"石头"）后来经过伽利略证明该观点是错误的。如果我们盲目迷信权威，将他们的话当成金科玉律，就会束缚自己的创新思维，永远停留在前人之下的水平上。

善疑就是能够理智地怀疑，而不是盲目地怀疑。你可以质疑先贤权威，但总要有一个怀疑的支撑点，比如伽利略在走上比萨斜塔之前，从逻辑上就做出推论：如果将 10 磅重的铁球和 1 磅重的铁球绑在一起，重量就是 11 磅，应该比 10 磅重的铁球落地更快；但 1 磅重的铁球应该是延缓了 10 磅重的铁球，速度应该比 10 磅重的铁球落地更慢才对。仅从逻辑论证层面，伽利略就发现了亚里士多德的理论自相矛盾，接下来才有了付诸实践的行动。所以，我们的怀疑也要经过小心的论证才能逐步推进。

综上所述，敢疑是怀疑的出发点，而善疑则是怀疑的行动力，二者缺一不可。那么，我们在行动起来以后，就要选择正确的视角切入，让我们的怀疑有章可循。

韩非子讲过这样一则故事：

宋国有个大财主，家里的围墙因为下大雨而坍塌了，财主的儿子告诉他赶快把墙修好，不然就有盗贼进来了。财主的邻居也说了同样的话，但是还没等财主修墙，当天晚上就真的来了一伙盗贼，偷走了财主不少值钱的东西，然而财主却认为自己的儿子很聪明，而说了同样话的邻居有重大作案嫌疑。

从敢疑的角度看，财主没什么错，毕竟邻居了解他家的经济状况，甚至还可能知道他家的贵重物品大致放在哪儿；但是从善疑的角度看，邻居如果真的有偷盗之心，何必要多此一举地提醒财主要修墙呢？实际上，韩非子也是想通过这则故事告诉大家：不要主观臆断，就算怀疑也要有充分的证据。

视角是人们观察、思考以及分析问题时的立场和态度，也是解决问题的方法，视角的选择往往决定了我们怀疑的合理性，通常可以选择以下两种视角：

一、对立视角

无论是质疑他人还是质疑自己，我们都可以在原有视角的基础上派生出一个新视角，即相反观点视角，它和我们的个人经历、学习训练有关，影响着我们理解世界的方式。打个比方，你来到一座破旧民宅前，你可能会觉得生活在这里的人很不幸，因为你刚刚搬进一个新建成的豪华小区；但如果是一个拿到拆迁款的人，可能会羡慕住在这里的人有机会获得国家的补偿，这就是个人经历造成的视角差异。

由于每个人的人生经历有限，我们往往会受制于某个视角，那如何克服这种天然障碍呢？我们可以临时为自己创造一个"分身"，这个"分身"可以是你的家人或者熟悉的朋友，总之对方和你的经历存在差异，你就可以借用对方的视角来鉴定自己的怀疑是否站得住脚。比如，你在读秦始皇的传记时，发现作者的褒扬大于抨击，而你则正好相反，认为秦始皇的暴政让无数百姓受苦受难，这时你不用急着否定自己或者司马迁，不妨借助"分身"思考一下：如果你不是一个读书人，而是像某位大学同学那样从小生活在边境，对生存的安全感更加看重，那么对秦始皇的"罪在当代，功在千秋"的评价就能理解了。究其根本，你把自己代入"焚书坑儒"的读书人视角，所以就放大了秦始皇的过失而忽视了其对中国历史的正面推动作用。

二、"上帝视角"

"上帝视角"基本可以理解为客观视角，即第三人称视角。该视角的最大特点就是全知性，第三人称叙述者如同无所不知的上帝。如何做到全知的呢？就是通过漫长的时间来观察。打个比方，你和一个刚认识的朋友结伴出行，由于你们接触的时间短，你很难判断对方是否值得依靠，但长时间一直观察，就能知晓对方的底细。同理，在你还没有足够了解对方的前提下就贸然给出一个"不值得相信"的评价，这就是只站在个人视角的粗暴结论。

当我们在草地上观察一只蚂蚁的时候，如果只看几秒钟，那你会觉得这只蚂蚁在十分随意地爬行，但如果观察 20 分钟，你可能会发现蚂蚁会跟随其他伙伴沿着能够找到食物的路线爬行，是有计划、有目的的，这就是开启上帝视角之后的客观结论。

在我们学习英语时，通常老师都会告诉我们：只有大声朗读才更容易记住单词和课文。如果你只在第一天尝试，那你必然会得出"也没什么用"的结论，可如果你能坚持一个月再做判断，就会发现你在朗读单词的时候连带记住了音标，而音标大部分对应有规律的字母或者词根，从而能辅助你进行记忆，同时还能提高你的口语水平和开口说话的勇气。

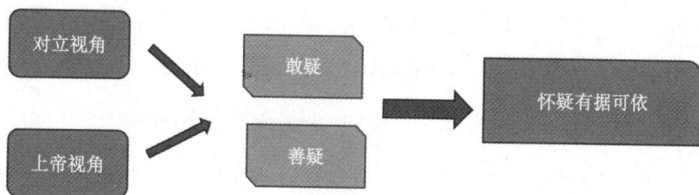

图32

从看待事物的角度划分，人类的思维分为三种：**肯定思维、否定思维和存疑思维。**

肯定思维，指的是无论认知或思考何种事物时，都先入为主地认为是正确的、好的、有价值的，然后基于这个总认识寻找证据；否定思维，就是直接从反面和对立面来认知和思考一个事物，试图证明该事物是错误的、有危害的和负面价值的；存疑思维，就是不马上给出结论，而是先让头脑冷静下来，经过一段时间的分析和判断再下结论。显而易见，我们要想让怀疑有据可依，让怀疑始终被正确的动力推动，就要多用存疑思维去看待事物，不盲目听从也不盲目反对，这样才能最接近真理和真相。

3. 破解困惑的关键：从反方向寻找真相

学习的本质是通过不断吸收知识来完善自我认知，更好地适应身边变化的世界，在这个过程中，我们必然要经历"怀疑—求证—颠覆"这个认知过程，但难点在于，如何让我们在怀疑中产生的困惑得以破解呢？如果不能顺利地完成这个步骤，就无法完成求证的任务，我们的固有认知就只能停留在原来的水平上。

解决这个难题的最好工具就是逆向思维，从反方向寻找真相。

逆向思维也叫求异思维，指的是对我们习以为常的事物进行反向思考的思维方式，让我们的视角站在对立面重新观察事物，最经典的案例就是"司马光砸缸"。司马光面对自己无法将小伙伴从水缸中拉出来的困境，通过反向思考——让水脱离人，就有了砸缸的解决方案。

逆向思维具有普遍性、批判性和新颖性三个特点：普遍性是指适用于各种领域，我们在学习中也能自由地运用；批判性是指对常规构成挑战，符合我们用怀疑更新知识的根本目的；新颖性是指能帮助我们避免循规蹈矩的传统思维，让我们在学习中获得他人不曾获得的认识。

笔者有一次给孩子辅导数学题，题目是："小明和小刚一共有 36 本书，小明给了小刚五本书，两人的书数量相等，他们原来各有多少本书？"从成年人的角度很容易理解：小明比小刚多了 10 本书，因为小明是减掉了五本小刚又加了五本，答案是小明 23 本，小刚 13 本，但是孩子却不太能理解一减一加这个计算过程。笔者干脆就用了逆向思维启发孩子：既然小明和小刚最后拥有的书数量一样多，那就是各自拥有 18 本，那么之前小明就是 23 本，小刚是 13 本。这样从结果反推，孩子顿时就理解了。

逆向思维是帮你从顺向思维的困境中解脱的钥匙，它很难天然被你掌握，需要通过后天训练来培养和强化，具体可以从五个方面入手。

事实逆向

A 遇到难题之后，用 B 作为解决方案，这就是一个既成事实。那么，如果我们反问：A 不用 B 而是用 C 作为解决方案，结果又如何呢？通过这种对现有事实的反向思考，我们就可能产生新的认知结果。比如，在学习《愚公移山》这篇文章时，我们可以对事实进行逆向：如果愚公不去挖山，而是直接搬家，会不会更省时省力呢？但如果我们结合课文的中心思想，就会发现这样设计剧情的话，愚公身上就缺少了让人学习的优秀品质，文章本身就失去了传承的价值。同理，在我们写作文的时候，自己设定了一个故事桥段，但总觉得哪里不对劲，这时不妨采用事实逆向法，说不定就能发现其中存在的漏洞，心中的困惑就能顺利解开。

缺点逆向

万事万物都存在优缺点，但是缺点和优点往往是可以互相转化的。比如，金属腐蚀是一个缺点，不利于保持耐久性，但如果对这个缺点逆向思考，就能借助金属腐蚀的原理找到生产金属粉末的办法。缺点逆向，就是将被动变为主动，化不利为有利。学英语的时候，有的人背诵单词会按照教材后面的字母表顺序来背，这种方法的缺点就是跳过了我们学习课程的进度，不利于我们阶段性地掌握一些重要词汇，但优点是可以通过首字母进行串联，分批记住多个单词，这就让我们找到了新的背诵单词的方法。

结构逆向

当我们打破事物原有的结构，就能快速"创造"出一个新事物，它可能毫无价值，也可能隐藏着重大的优点。比如无烟煎鱼锅就是将原来的煎鱼锅的结构打乱，把热源从锅的下面设计到了锅的上面，这是利用结构逆向进行创新的案例。在学习中我们也可以借鉴这种思维，比如在学习文言文的时候，很多参考书会把需要注释的内容放在文章后面，但对于想要快速掌握文言文知识的人，就可以先跳过课文直接看注释，记住注释中的知识点以后再回头去通读课文，这样就能在最短的时间内掌握文言文的大意了。

功能逆向

将事物的功能进行反向设定，会不会产生一个新的、同样具有实用性的功能呢？比如保温桶的功能是保温，那么如果保冷会怎么样呢？这样便产生了有实用价值的冰桶。在学习中依然可以沿用这种思维，比如有的人在学历史时总是记不住复杂的朝代表，于是就专门买了朝代表的小册子放在身边，没事就看两眼，可到底记住了多少并不知道，那么，我们可以把朝代表的功能从"帮你记忆"逆向为"帮它记忆"，把重要信息用贴纸粘上，没事就做填空练习，以此来强化记忆，效果反而会更好。

方法逆向

在课堂上，如果你的老师习惯先讲理论后讲例题，这种授课方式无法让你快速掌握理论的精髓，那你可以改变这种学习方式，在上课前提前进行例题实战，在实战中发现自己的缺陷，在上课后再让老师通过解析帮你深度消化理论，这种方法逆向就解决了矛盾。

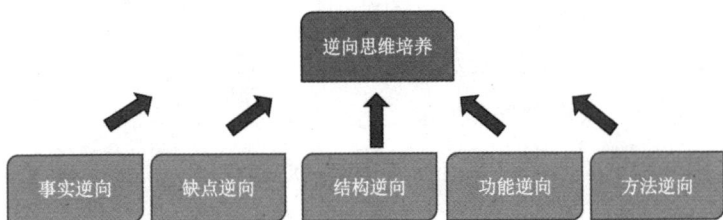

图 33

我们都听过"知识就是力量"这句话，但知识也是分为有用的和无用的，学习的真正目的就是掌握有用的知识，甄别摒弃无用的知识，颠覆固有的认知，这样才能促使我们的思维不断更新，并提升到更高的水平。因此，只有将逆向思维充分应用到学习中，才能实现自我成长，认清事物的本质和真相。

4. 提高解答效率：设计一个好问题

怀疑是颠覆的开始，那么怀疑的终点又在哪里呢？在一个深思熟虑的答案之中。

也许你思维活跃、热爱思考，对万事万物充满怀疑精神，这的确不是一件坏事；但如果缺乏有效的引导和精心的设计，你的怀疑不仅不会让你提升认知水平，反而会降低你接受他人正确观点的概率，所以你需要在提出合理的怀疑之后，认真设计一个好问题，由它来引导走完这段怀疑的旅程。

孔子曾说："知之者不如好之者，好之者不如乐之者。"的确，会学习的人不如爱学习的人，爱学习的人不如以学习为乐的人。在怀疑中设计问题然后自己解答，这就能提高我们对学习的兴趣，让我们的怀疑产生学习成果。

设计问题并不是简单的一问一答，而是要针对你的知识水平、认知能力以及学习状态量身打造。这样的问题才具有科学性，才能让你陷入深度思考，为你的学习活动提供充足的动力和明确的方向。当然这些问题不能胡乱设计，可以遵循三条法则。

首先，有适度的针对性。

设计问题的初衷在于让自己去探索，所以这个问题过大及过空过难都是不可取的，这不仅不能回答你心中的疑惑，反而会节外生枝，出现新的问题。因此，你设计的问题不要揠苗助长，不要为了获得"质的飞跃"而把问题设置得过于高深，而是要能贴近你的生活，能够从你的知识库中提取出来，这样才能产生清晰的解答思路。

你在学习哲学史的过程中，接触到了"反形而上学"（因为形而上学知识在经验范围内无法得到证实，所以被认为不是科学知识而遭到反对），了解了尼采以透视主义认识论为武器，摒弃"道德"和"逻辑"这两块传统形而上学的基石，因为尼采的影响，导致 20 世纪各派哲学很少以理论体系形式出现（一般来说越理论化越容易被认为是"不实用的"），读到这里，你认为"反形而上学"对哲学的体系化造成了一定的负面影响（大家都不敢长篇大论谈抽象的内容了），于是开始怀疑"反形而上学"的合理性。在产生疑问之后，接下来你就要设计一个有针对性的问题，既能帮你深入分析又不至于超出你的认知范围，所以这个问题可以设计成："除尼采之外，还有哪些哲学家反对形而上学？"这样的问题设置，可以让你回忆起哲学史中其他哲学大咖对形而上学的认识，重回忆轻分析，不会给你造成解答压力，而最终的答案并不重要（事实上这就是一个存在争议的话题），重要的是通过你合理设计的问题，让你有目的性地复盘了大师们对形而上学的态度，加深了对该知识板块的理解和认识，会强化你的"学习获得感"。

其次，能激发学习兴趣。

无论是怀疑还是肯定，都不能以损害学习兴趣为代价，相反，要把学习的兴趣塑造成怀疑的动力之一，这样才能激发你积极思考、努力探索的欲望。当然，激发兴趣需要技巧，可以通过创设有趣的情境诱导你的思维走向开阔，不拘泥于某个传统的认知理论，最终产生开启心智的作用。

当你在学习物理中的力学时，会学到牛顿的第一定律："一切物体在没有受到外力作用时，总保持静止或匀速直线运动状态。"但是你并不能真正理解这句话，甚至还带有一丝怀疑，那么你可以反向设置一个问题："当一个物体保持静止或者匀速直线运动状态时，证明它没有受到外力作用。"那么为了获得一个准确的答案，你可以走出教室和书房，来到大街上、公园里、商场中去观察生活，看看这条"定律"是否适用。很快，你就在公园的一角看到两个老头在下棋，突然其中一个跳错了"马"打算悔棋，另一个却抓住对方拿着"马"的手死死不放，两位大爷从一开始的互相拉扯直至变成了僵持不动，这时你突然发现："马"这枚棋子虽然处于静止状态，却同时受到两个老头的拉力，只不过是外力和为 0，于是你终于确定这个反推出的"定律"是错误的。

最后，适合你的思维特点。

每个学习者都存在一定的差异，当然这并不主要体现在智商上，而是思维方式、认知视角、吸收程度上的差异。比如有的人适合学校教育，能够在老师的督促和辅导下快速学习知识；而有的人比较排斥课堂教育，反而在自学中状态更佳，因为他们会按照实际需求调整学习进度。从这个角度看，问题设计并不存在"好"与"坏"的分别，只有"适合"与"不适合"的分别。

打个比方，你属于被动型学习者，即比较依赖学校教育，那么你所设计的问题就可以假定有一个"最终解答者"，那么问题的难度就可以适当调高。这样既不会造成"无解而终"，也不会让你"浅尝辄止"。

你在学习英语写作时，发现有些文章是用过去时，有些则用现在时，但按照分类它们都属于学术类文章，于是你就产生了"撰写文献综述时用过去时比现在时更好吗"的怀疑。为了寻求答案，你可以搜集整理之前阅读过的和没有读过的英语类文章，通过横向对比必然会得出一个比例，但这依然不能解决你的疑问。于是你又翻阅了一些讨论该问题的文章，最后发现某位学者给出的建议是"用现在时态是在写作中表达'主动式'的一种方法，会让文章更易阅读"。当然，你还是不能确定该结论是否正确，那么此时你已经掌握了足够翔实的资料，相当于你已经"预习"了一篇有难度的课文，至于你的分析是否合理不重要，因为你最终依靠的是你的老师，那么在你的认真询问下，老师总能给你一个可以接受的答案。相反，如果你是一个擅长自学的人，就可以把问题设计成"当今主流学者用过去时和现在时哪个更多"这样的问题，既不需要你给出明确的答案，又能让你广泛阅读文章，提升自学水平，这正好符合你的思维特点。

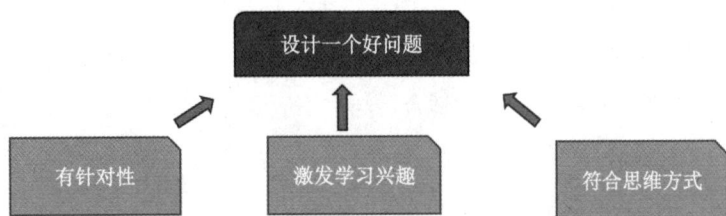

图 34

爱因斯坦说过："提出问题比解决问题更重要。"笔者认识一位语文老师，她在教《嫦娥奔月》这篇文章时，忽然向学生提问：课文明明叫"嫦娥奔月"，可为什么开篇讲了后羿射日的故事呢？难道不应该是重点写嫦娥吗？是不是作者本末倒置了呢？在她的引导下，学生们也纷纷表示确实有这个疑问，接着这位老师就让学生进行小组讨论，最后大家终于明白了课文这样写的目的是以神话故事作为开头吸引读者，同时进行铺垫，因为有了后羿射日才有西王母送仙药给后羿以及嫦娥吞下仙药飞向月亮的故事发展。笔者不得不佩服这位老师设计问题的能力，她让学生更深刻地理解了课文内容，也培养了"怀疑→探究"的学习精神。

人类的一切探究活动，其实都是源于最初的怀疑，怀疑精神是我们培养逻辑思维的关键所在，而怀疑本身是否"靠谱"，要配合我们设计的问题来体现，这也是我们从思维层面转变到行为层面的过渡环节。所以一个设置得当的问题，就能帮助我们实现认知层面的进化，在不知不觉中完善、更新我们的知识宝库。

5.破解行动障碍：找准"学习门派"

学习和学武一样，只有拜对了"师父"、选对了"门派"，才能将个人的潜能发挥到最大。当然，这里所说的"拜师投门"并非选择一位老师，而是选择一种适合个人特征的学习方法。

金庸笔下的郭靖和杨过是两个个性和天赋都差异较大的人：郭靖身体健壮，但敦厚木讷，天资平平却十分刻苦；而杨过飘逸潇洒，狂放精明，天赋极佳头脑还灵活。最终的结果是，郭靖勤勉好学也学会了降龙十八掌、九阴真经等功夫，虽然总量看着不多，但是招招纯熟，也成为一位武林高手。而杨过则学了全真剑法、蛤蟆功、弹指神通、打狗棒法等一大堆武功，涉及门类多但灵活多变，也可以让对手无力招架。从学习的角度看，郭靖和杨过分别选择了符合自己个性和天赋的科目并最终学有所成，这其实给了我们一个新的思考角度：可以尝试从个性、天赋等方面出发，选择适合自己的学习方法，就相当于找到了属于自己的"门派"。

有的人学习兴趣浓厚，学习意志也算坚定，但因为选错了"门派"，也就是不符合个性或者天赋的方法来训练自己，自然是事倍功半，特别是在学习中遇到障碍时，无法运用最符合自己思维特点的认知工具，造成学习效率和解答效率低下。那么，我们该如何选择适合自己的"学习门派"呢？这个当然没有固定答案，不过如果你对自己的"学习门派"比较模糊的话，我们可以用最简单直接的"感官划分"帮你寻找门派归属。

所谓"感官划分"，就是按照视觉、听觉和触觉三种方式构建三类不同的"学习门派"。

视觉型门派，就是通过"看"图片、表格或者视频等视觉型信息来学习知识；听觉型门派，就是通过听讲、交流以及朗读等方式来掌握知识；触觉型门派，是通过动手实践的方式获得知识。这种门派的划分，并不是让你在眼睛、耳朵和手中三选其一，而是依靠其中一个作为主导模式，比如"视觉学习为主、听觉学习为辅"。

那么，如何判断自己是上述三种中的哪一种呢？一般来说，世界上多数人偏向视觉型，少部分人偏向听觉型，触觉型则最少。至于你是哪种类型，可以根据工作、生活和学习中的某些习惯来判断。比如你回忆一个知识点时，首先想到的是老师讲课时的声音，可能就是偏向听觉记忆；如果你在运用一个知识点时，脑海中闪出的是黑板上的公式，可能就是偏向视觉记忆；如果你在怀疑一个知识理论时，最先想到通过动手实践来证伪，则是偏向触觉型。下面，我们就来介绍一下这三种系统性的学习方法。

视觉型学习

视觉型学习的有效途径是观察，这类人更容易在脑海中构建出属于自己的信息库，他们的学习过程很像是玩电子游戏，他们十分看重笔记的记录和整理，会清晰地将知识点以不限于图画、表格、柱状图等方式记载下来。那么，为了强化你的视觉记忆天赋，可以在阅读教材和参考书时，用不同颜色的笔对资料进行标注，这样当你回忆相关知识点时，颜色会辅助你回想起具体内容。另外，还可以通过粘贴便签和制作索引卡片的方式，把教材和参考书精心"装饰"一番，让知识点清晰地以目录的形式呈现，让你留下深刻的印象。

对于文科生来说，在记忆政治词汇、历史事件时，可以把单纯的文字资料整理成各种形状构成的手绘图案，比如历史朝代表用圆形、方形区分开相邻的朝代，再把对应的年代和事件用箭头做好指向，这样就比单纯背诵一段文字效果更好。如果是理科生，则要在记笔记时，把相关的例题图形、化学公式、物理受力分析等内容形象地记载下来，方便在温习时回顾知识点，强化记忆。

听觉型学习

听觉型学习的有效途径是听，这类人往往有着丰富的词汇量，语言表达能力比较强，尤其是在学习外语时天赋异禀，他们往往善于演讲，对音乐也情有独钟，能够以敏锐的听说能力去描述信息。那么，为了强化你的听觉天赋，当你在学习课文时，可以把文字内容转化为音频，在你休息、运动甚至做家务时作为背景音来听。

此外，你还可以通过大声朗读课文、参考资料对知识进行输入，甚至在做习题的时候也可以出声朗读（根据具体的学习环境来定）。你的思考过程也可以通过语言表达的方式来完成，就像对面坐着一个和你讨论作业的同学一样，这能让你的学习兴趣倍增。

对于听觉型学习者来说，重复听说是重要的环节，所以对重要的知识点要反复听说，才能加强记忆效果。如果是听力练习，可以在听过原声之后自己朗读，能让你慢慢熟悉并适应自己的声音，实现一种"基因记忆"。当你需要放松的时候，建议通过唱歌、打电话聊天等方式舒缓疲惫，因为这些都能作用于你的听说机能，会让你始终保持兴奋感，确保学习的热情不被降低。另外，你可以在睡前听自己朗读的公式定理和例题解析的录音，甚至也可以将其用作"助眠音乐"，当然是否有效要多试几次才能知道。

触觉型学习

触觉型学习的有效途径是"动手"，这类人可能理论知识不是很扎实，但是动手能力很强，如果你给他讲述教材知识点，他可能听不懂，但如果你给他演示一遍实验，他就能快速地领会知识要点。那么，为了强化触觉天赋，就要把学习转化为"劳动课"，在输入信息时，可以用笔记录，用小卡片制作单词表，用小球演示运动路径，只要多记忆"触碰"的感觉，就能起到强化记忆的作用。在听课的时候，尽量多和老师产生互动，比如帮助老师拿教具、配合实验等，或者上台写板书、抄写课文，这些都能强化触觉记忆。总之，就是人为地让知识和某种触觉绑定在一起，在输出知识的时候，先回忆触觉，再提取信息。

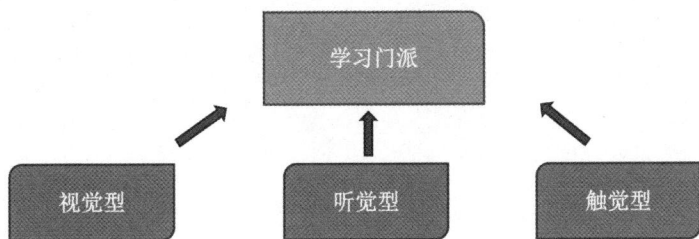

图 35

笔者朋友的孩子就是视觉型思维，平时喜欢看名著，阅读能力很强，但是英语成绩很糟糕，这是因为英语记忆很多都是依赖语音的听觉型学习。于是笔者就建议朋友，把孩子需要背诵的单词制作成图文并茂的卡片，同时在英语课本上多标注一些颜色来突出单词、句型和语法，充分调动孩子视觉型学习的优势，通过扬长避短的方式提高其学习效率。后来证明这个方法果然有效，这也说明一个事实：虽然三种学习方法具有一定的先天性和固化性，但我们可以通过发挥优势的方法扩大其适用范围，避免"一个门派只能学习一类功夫"。

在求学的道路上，我们不要过分贪婪，想要学透每一门科目，毕竟我们的时间和精力都十分有限，同理我们也要有自知之明，不要盲目借鉴他人的学习方法来提升自我，而是要问问自己：我的天赋和优势有哪些？当你找到适合自己的门派和老师以后，你才有机会发掘自己的真实潜能，让你的学习成果获得指数级的增长。

第六章

以教促学：盘活你大脑的所有知识

1. 准备一阶：如何做好学习笔记

给学生一碗水，前提是老师要有一桶水。

以教促学包含着"教"和"学"两个环节，"教"不仅是让假想的学生学会，更要让自己把知识吃透，想要在你搭建的"讲台"上传道授业，知识储备就必须充足，而输入知识的一个重要渠道就是做好学习笔记。

毛泽东酷爱读书，他给自己定的规矩是"不动笔墨不看书"，所以他每次阅读的时候都会在书本上圈圈画画，然后将书中的精华部分摘抄下来或者写读书笔记，这种学习方式让他积累了丰富的知识。很多时候，当我们羡慕别人的阅读量巨大时，其实差距往往不在阅读数量，而是在阅读质量，而学习笔记就是保证阅读质量的关键。

德国心理学家艾宾浩斯通过研究发现，人在学习后会逐渐开始遗忘，而遗忘的过程是刚开始记忆下降比例很高，到后面则会慢慢变少，大致的概率是刚学完的记忆率是100%，20分钟以后则变成了58.2%，两天和六天后分别是27.8%和25.4%。正是因为人类的这一记忆特点，我们才必须做好笔记。

在课堂上，我们都知道要跟随老师的思路记笔记，也能基本养成记笔记的习惯，然而很多人在回头看笔记时总会发现：

要么记得跟医生的诊断书一样不认识，要么遗漏了重点还要借学霸的笔记"打补丁"，这就是没有掌握记笔记的正确方法。

我们要明确一点：记笔记的意义是什么？是让我们能够不断记忆并梳理知识点，所以笔记既可以看成知识精华的载体，也可以看成是知识海洋的灯塔，一方面帮我们记忆知识，另一方面引导我们整合知识。

当我们在听老师讲课或者阅读一本书的时候，我们的头脑往往处于"清醒状态"，这是因为有老师的讲授和书本的提示，但是在课程结束、书本合上的那一刻，这些知识是否还能清晰地再现于你的脑海呢？所以，我们要通过笔记打开知识的大门，通过思考和联想的方式，让知识在我们的脑海中重现。

记笔记的方法众多，下面我来介绍两种简单易上手的方式。

第一，筛选式。

这种方法适合于知识点庞杂的课程，能够让你在最短的时间内提取有效信息，所以要在找出重点之后进行筛选。筛选的标准通常有两种：一是符合考试大纲的，即老师重点强调的；二是让自己茅塞顿开的，即让你的知识体系升级的重要信息。在此，我们可以借鉴"康奈尔笔记法"：把一页纸分为三个部分，左边四分之一是提示栏，下方五分之一是总结栏，右上方最大的空间是笔记栏，如下图所示：

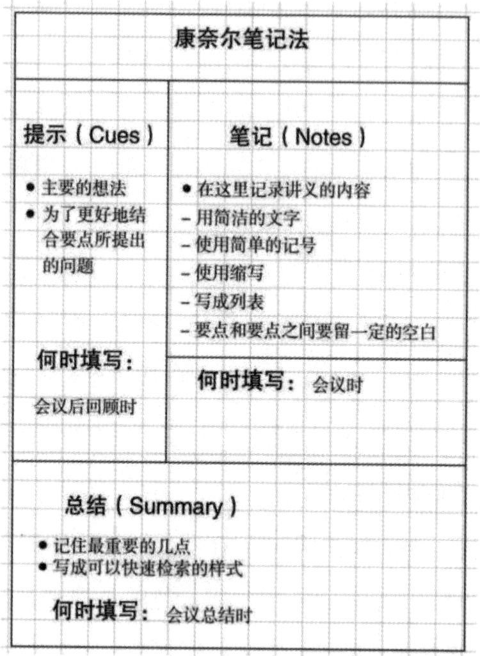

康奈尔笔记法

提示（Cues）	笔记（Notes）
● 主要的想法 ● 为了更好地结合要点所提出的问题	● 在这里记录讲义的内容 －用简洁的文字 －使用简单的记号 －使用缩写 －写成列表 －要点和要点之间要留一定的空白
何时填写： 会议后回顾时	**何时填写：** 会议时

总结（Summary）
● 记住最重要的几点
● 写成可以快速检索的样式
何时填写： 会议总结时

图 36

借用"康奈尔笔记法"的思路，我们可以把筛选出的知识精华放在笔记栏的位置，而在左侧的提示栏就是对知识精华的概述，方便我们在温习时快速查找，至于总结栏可以留在二刷、三刷知识点的时候再补充。比如在学习西方经济学时，我们可以参考下图来总结知识精华：

●西方经济学理论 ●马克思主义经济学 ●经济学相关名词	●发展三阶段：古典，新古典，现代／代表书籍：《国富论》 ●时间：19世纪中叶，原因：资本主义方式确立，无产阶级和资产阶级对立，古典经济学、空想社会主义提供理论来源 ●经济：生产资料所有制为基础，交换消费等活动 ●商品经济：生产和交换的总和，生产的经济形式
西方经济学包括的知识是比较模式化的，相对于政治经济学联系实际的东西不多，主要体现在宏观部分的财政政策、货币政策等内容。	

图 37

第二，目录式。

这种方法适合那种知识体系比较规整、看章节目录就能大致了解全貌的科目。这种方法也很简单，就是在阅读的时候先看目录，然后再看内容，形成记忆逻辑，所以你记笔记的框架就是目录，然后留出一段空白，在一刷、二刷知识点以后将其补充完整，这样知识在你的脑海中会形成模块化、体系化的记忆。比如在学习化学时，我们可以参考下图用列目录、提炼知识点来记笔记。

第四章 非金属及其化合物	
第一节 无机非金属材料的主角——硅	地壳中含量26.3%，次于氧，亲氧，以氧化物及硅酸盐形式存在，占地壳质量90%以上，第三周期。
第二节 富集在海水中的元素——氯	第三周期第ⅦA族，易得电子形成氯离子Cl^-，非金属元素，化合态为常态，黄绿色气体，刺激性，溶于水。
第三节 硫和氮的氧化物	硫的物理：淡黄色，固体，难溶水，溶于酒精，易溶于CS_2，熔沸点低；氮无色、无味、难溶于水，有毒，二氧化氮红棕色、刺激性，有毒，密度大于空气，易液化、溶水。
第四节 氨 硝酸 硫酸	氨无色、刺激性、比空气密度小、极易溶于水；硫酸、硝酸都有酸的通性，无色、黏稠、油状液体。

图38

记完笔记并非就万事大吉了，我们要学会检索笔记。尤其是当你的笔记记载的内容越来越多时，如果检索方法不当，会严重影响复习效率，我们可以用两个小方法来解决这个问题。

第一，贴标签。

记笔记时用标签或者便利贴在笔记本的封面和页码上粘上对应的标签，写下笔记每一页对应的内容，这样在复习时就能快速找到对应的知识内容了。这是一种入门方法，简单但不够精细。

第二，写大纲。

贴标签需要一页一页地检索，特别是学得越多就意味着标签也越多，影响观感，因此更高效的方法是在笔记本的扉页上写下整本书对应的考试大纲。这样你的笔记就像一本规范的出版书了，而且方便你有针对性地复习考点，当然大纲的详略程度要控制好：太细致会影响效率，太简单又起不到引导作用，这就需要根据不同的学科来制订，在实践中进行摸索。

学习笔记主要就是完成阅读、摘抄和回顾三个组成部分：阅读时保持足够的专注度，对信息进行快速输入，减少对关键信息的遗漏；摘抄的时候要筛选重点信息，提高记笔记的效率；回顾则是通过笔记来强化巩固知识点。

教会学生的底气不是你的口才，也不是你在"学生"面前的"权威性"，而是你是否做好了准备。只有当你出色地掌握了学习笔记的记录方法后，你才能获得更多的思考空间，这不仅代表着你的学习态度是否端正，也能折射出你在整合知识点时的智慧。

2. 准备二阶：用思维导图梳理难点

笔者曾经和一位大学教授聊天，对方感慨地表示，如今很多人总是带着焦虑去学习，结果学得非常肤浅，看上去投入了不少时间，却没有转化成对等的学习成果。笔者听到这里就问他：什么样的学习方式才是最好的呢？他不假思索地说，沉浸式的学习方式。笔者又问：沉浸式要怎么学习呢？教授拿出手机，展示了十几张图片，细细一看才发现是十几张彩绘的思维导图，原来他无论是平时授课还是业余时间阅读，都喜欢绘制思维导图来梳理知识点，用教授的话说："有了它（思维导图），我才能把授课和学习变成一种感受，融入我的人生。"

当你把该学的内容都记在本子上以后，你的脑海中已经构建出了一张知识网络，但是这张大网中有零零碎碎的知识点，你知道该传授给学生哪些知识，但你知道要强调哪些知识点吗？因为对学生来说，此时的他们还处于被动接受状态，需要你为他们指出难点，更好地应对考试。

梳理难点需要更加细致的学习方法，这时就该轮到思维导图上场了。使用思维导图的关键就是用右脑来学习，这是因为人的右脑擅长处理图像信息，只有用图像反复刺激，才能加深我们对知识信息的记忆和理解，从而明确重点。还有一点不要忽视：右脑有操控情绪的功能，所以那位教授才会在绘制思维导图的时候产生了真情实感，这也能从主观上帮助我们提升对学习的热爱。

思维导图是通过文字、图像和线条，将思维进行外在形象化的信息处理，该方法如今已成为一件学习利器。从呈现方式上看，思维导图大体可分为三种类型。

第一种，文字型思维导图

此类导图主要由关键词构成，通过线条将不同的关键词连接在一起，因此我们可以把线条和文字看成是图像，是一种强调信息逻辑关系的绘图方法，对理论性很强、很难将文字转化为图像的知识类型十分适用，也适合梳理知识难点，对于成年人来说更合适。

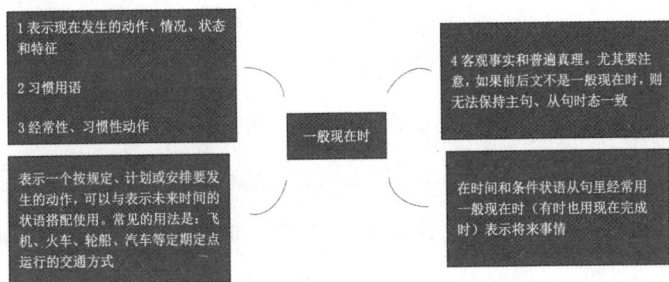

图 39

第二种，图解型思维导图

此类导图包含文字和图像，其中某些关键图像代表重点信息。由于人类大脑在 10 岁以后就逐渐拥有了图解的能力，而大脑本身是用进废退，因此多绘制一些图像就能唤醒并强化我们的读图能力，对于 10 岁以上的青少年十分适用。

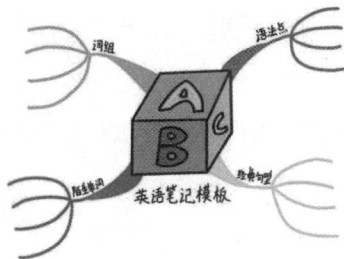

图 40

第三种，插图型思维导图

此类导图就是把信息直接转化为形象的插图，比如在学习物理课时，为了方便理解，将重力实验画出来，当然我们不必追求画得有多好，只要把大致意思画出来即可。这种鲜活生动的图像比文字和图表更有视觉冲击力，也更能刺激右脑，对于10岁以下的少年儿童非常适用。

思维导图能让你看一眼就知道书中哪些内容是重要的、哪些是次重要的，可以高效地梳理难点，而且思维导图通常只有一页纸，比学习笔记更加直观形象。而且，学习笔记很多时候是摘抄，这虽然能帮你记忆知识，却很难刺激大脑进行学习，特别是对右脑的机能唤醒不够，所以我们在输入知识点和筛选难点时，要分开使用学习笔记和思维导图，这样效果更好。

下面我们就来看一下，如何绘制思维导图：

1.拿出一张纸，在上面画出一个能够表达知识主题的图像，比如"化学反应方程式"，为了形象化，你可以画一个类似爆炸效果的图标，让你一翻到这里就明白记录的是什么。

2.将信息的主干部分画出来，可以参考目录和章节，每一条主干对应不同的颜色，这个颜色最好是能够和你的心理印象有关，比如某一节讲到了海洋，那就可以用蓝色来表示。在画出颜色的同时，要把主干画得比较粗一些，然后根据主干画出支线。

3. 把每个主干下面的支线画出来，以支线为主画出次要支线，可以用文字简单地标注出来，假设两条支线或者次要支线存在关联，那就可以添上单箭头或者双箭头：单箭头代表着甲的知识服务于乙，双箭头代表着甲和乙相互关联。针对难点内容，可以着重加色，通过视觉刺激来强化记忆。

4. 在每一个主干衍生出的区块中，用相同的或者相近的颜色标示出来，和其他区块相区别。除此之外，你还要在每个区块的外面加入外框，类似漫画中的对话框，在里面添上对本区块内容的理解提要，语言越简练越好，但要自己看得懂。

图 41　思维导图参考模板（插画型）

在你完成这四个步骤之后，一张思维导图基本上就完成了，但这并不意味着你的工作结束了，而是需要你采用照相记忆的方式，盯着它看上一秒钟，然后闭上眼睛回忆尽可能多的内容，之所以对时间如此苛刻，是为了检验你的思维导图是否合格：

越杂乱越不容易瞬时记忆，越有章可循越过目难忘。当然，这需要一个反复训练和修改的过程，为此你要克服重复记忆的痛苦，当你的脑海中能够随意浮现出思维导图时，你对书本中的重点内容就有了强化记忆了。另外，我们不要忘记温习学习笔记，毕竟它记载的知识点更加密集，能够帮助你对知识点进行深入理解。

思维导图适用于各个年龄段的学习者，它既能辅助我们阅读书本，也能帮助我们强化记忆，还能锻炼我们的图形表达能力和信息筛选能力。它的趣味性会让我们保持足够的学习热情，避免在漫长的学习过程中感到枯燥。它用看似简陋的画作帮助我们把知识精华从书本中淬炼而出，最终转化为存储在我们头脑中的力量。

3. 准备三阶：通过场景建立记忆点

学习笔记让我们对知识体系产生初步的印象，思维导图让我们清楚知识难点，接下来我们要做的就是把每个知识单元夯实在大脑中，一旦切换到"教学模式"，就能准确无误地讲述给学生。

前面我们或多或少介绍了和记忆有关的知识，现在我们就从以教促学的角度出发，寻找作为一个老师来记忆知识点的方法，它就是场景记忆法。

场景记忆法，是指通过现有场景或者自我构造的场景来记忆学习内容的学习方法。由于这种记忆法可以结合我们的教学环境，所以更具有针对性。一般来说，我们的学校课程或者自学课程，都会和一两个固定的场景相关，比如课堂、补习班、自习室、书房等；同样，我们在以教促学的环节中也会有相对固定的场景，而它们就是我们建立视觉化记忆的"根据地"，即使你在教学中突然忘记了某种知识，也能依托当前身处的场景快速回忆起来，避免发生"教学事故"。

一般来说，场景记忆法比较适合低龄学生，因为低龄学生的教材很多都和景物、事物有关，形象化的信息较多，抽象化的信息较少，这是为了不超出他们的认知范畴。但是，针对高年级学生和成人也一样适用，关键在于你能否灵活运用。

第一，利用现有场景。

以教促学常见的教学场所主要是书房、客厅这样的家庭环境，我们以小学课文《我家住在大海边》为例，这是一篇要求背诵的课文，作为老师自然要在熟记的基础上向学生解析课文内容。假设我们的授课场所是客厅，那就可以这样来记忆：

课文开篇提到了广袤的天空，我们可以抬头看客厅的天花板，把吊灯想象成星星，那么整个天花板就是广袤的天空；接下来，课文提到了一望无际的大海，那我们低头看客厅地板，摆上一艘小船模型或者小船的照片，地面就成了"大海";下面提到海边有个月亮湾，湾里有一条打鱼船，这些是发生在我们身边的故事，我们就可以用纸剪出一个月牙形图形放在脚边，当成"月亮湾"，打鱼船则可以用船模或者照片；下面讲到船上有一位老爷爷的时候，我们就可以回忆自己的爷爷、姥爷或者是亲切的邻居大爷，想象他们给自己讲故事的画面；最后，故事和课文开篇的广袤天空相呼应，我们再次抬头看天花板就能回忆起内容。

虽然《我家住在大海边》是一篇针对低龄学生的课文，但我们可以用上面介绍的方法套用在几乎任何一篇课文上。比如《出师表》，我们可以借助地图代入三国的时代背景以及诸葛亮的北伐夙愿，还可以用小时候的照片代替"臣本布衣，躬耕于南阳"这样的回忆画面，再把大门口当成刘备三顾茅庐的经典场面……通过建筑物、生活用品、特殊道具等元素，就能成功串联出一篇文章。

第二，利用想象场景。

场景记忆法并非只适合于文科，对于理科同样适用，尤其是在记忆概念、应用词汇方面。当然，有些词汇是比较抽象的或者不易和现实场景产生关联，所以我们就要在大脑中生成一个虚拟场景，通过它来强化对知识点的记忆。

我们以生理学为例，很多概念涉及人体器官，有些是外在的可以观察，有些则是内在的无法观察，这就需要我们把抽象的和形象的进行关联。比如"交感神经和副交感神经功能"这一组概念，它本来就是考试重点，涉及的每个定义都需要牢记，那我们不妨想象一下，交感神经产生的兴奋和什么场景最接近呢？战场。虽然我们绝大多数人没有亲历战场的经验，但是会通过影视剧间接地了解战场的残酷，因此，当我们学习这一组概念时，就可以把自己想象成为一个冲锋陷阵的士兵，随着你越来越逼近敌方阵地，你体内自然会产生相应的神经反应。

> 有关"呼吸"涉及的概念：气管平滑肌舒张，它可以看成你在冲锋时大口地喘着粗气；
>
> 有关"消化"涉及的概念：分泌黏稠唾液，它可以看成你举着战旗对战友大声疾呼"冲啊！"，自然会唾沫横飞；
>
> 有关"胃肠蠕动"涉及的概念：肠胃上下运动，消化食物，它可以看成你在打仗时不顾生死，忘记了自己腹中饥饿的事实，只等着打胜仗以后再吃饭。

只要我们把需要记忆的知识点与合理的虚拟场景相结合，同样可以牢固地在头脑中搭建起一个记忆模块，分门别类地把各种知识塞进去。当我们需要提取出来传授给他人时，只需要"过"一遍场景就能顺利完成，而且使用的次数越多就越熟练。

第三，利用物体位置。

这种记忆法也叫"位置记忆法"，它是把现有场景和想象场景相结合，通过我们熟悉的物理空间来"加载"一些需要记住的信息。以我们熟悉的卧室环境为例，我们可以把床、桌子和椅子作为三个信息加载容器，当我们学习"马克思主义政治经济学"这个概念时，了解它的定义是："即无产阶级政治经济学，它是研究社会生产关系体系及其发展规律性的科学。"然后，我们把"无产阶级""生产关系""发展规律"作为三个关键词，分别加载到床、桌子和椅子上：

床：天天躺平不去劳动，自然就会成为"无产阶级"；

桌子：当你坐在桌前开始工作时，你就被纳入了"生产关系"的一环中；

椅子：因为你开始工作了，生活变得有计划，使用椅子就具有"发展规律"了。

这样一来，只要你记住床、桌子、椅子的先后顺序，就能把"无产阶级""生产关系"以及"发展规律"三个关键词串联起来，最终形成有关"马克思主义政治经济学"的概念。

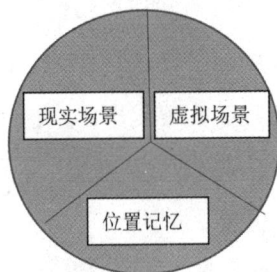

图 42　场景记忆法

当我们习惯在大脑中植入各种现实场景和虚拟场景之后，我们再回顾知识时会自动产生画面，从而不断刺激右脑的记忆潜能，帮助我们通过视觉记忆的方式输入、输出知识。在以教促学这个环节中，我们可以依靠教学场地和想象力完整地复刻知识，不必担心会遗漏重要的知识点，在完成一轮的"教学任务"后将知识稳固地收纳进大脑的信息库中。

4.技能进阶：变换身份让对方听懂

费曼探讨过一个教育孩子的话题：如何让孩子明白"是什么让玩具狗动起来"的原理。大多数人会拧紧发条，然后让孩子观察齿轮的精巧设计，通过让孩子了解安装玩具的方法来发现人类的智慧，但这并没有教会孩子"能量"的定义，那费曼是怎么做的呢？

他认为应该从孩子的视角出发，用他们能理解的词汇去讲述：植物需要太阳提供的能量存活，人类吃了植物才有了力气，有力气就能给玩具狗上发条，而"上发条"又为玩具狗提供了运动的能量，所以能量是可以从一个物体转移到另一个物体的。

对很多人来说，掌握知识并不难，难点在于如何把知识深入浅出地讲给他人，特别是知识水平远低于自己的教学对象。有的人只懂得"填鸭式"的教学，一味地把知识"塞进"学生的大脑里，不管对方是否真的理解；而有的人却能了解学生接收信息的特点，通过转换思维方式、认知角度来传授知识，这就是转换角色的教学方法。

老师和学生在课堂教学中扮演不同的角色，而角色会影响彼此的思维、语言乃至情感，这是一种基于知识水平的客观设定。但如果长期固化这种身份，就会束缚住彼此，让他们总是习惯从自身的视角来思考问题，而这样的教学是缺乏活力、呆板无趣的。同理，在以教促学这个环节中，虽然"师生"关系是虚拟的，但同样存在一种固化关系，如果不能适当跳出己方视角，就会影响以教促学的效果。

笔者经常听到身边的老师们抱怨：学生年龄越大，课堂就越是死板。的确，有数据统计过：课堂上能积极提问并讨论问题的，低年段为75%—80%，中年段为25%—45%，高年段为11%—20%。为什么年龄越大的孩子就越"听话"呢？因为他们已经习惯了向"权威"低头，习惯了保姆式的教学方法，看上去变得"乖巧"了，实际上学习效率也大打折扣。笔者听过一位美术老师上课，他采用"学生先实践老师后指导"的方式教学：让学生无拘无束地画上10分钟国画，然后问他们在画画中遇到了什么问题，有说颜色深浅不一的，有说宣纸容易破的，然后这位老师就从学生的实践视角出发，坐在学生身边，和他们一起寻找正确用笔、用墨的方法。于是在很多学生眼里，这位老师更像是一位和大家一起探讨解决办法的"同学"，而非一位只会填鸭式授课的老师。

良好的师生关系是以教促学的支点，因为这里的"教师"不仅是要教会"学生"，更是要"教会"自己，这样才能激发"学生"和自己的学习兴趣，创造一种乐学、善学的教学环境。正如我国著名教育家陶行知所说："我们要懂得儿童。我们必须变成小孩子，才配做小孩子的先生。"这句话对于扮演老师的学习者同样适用。

师生角色互换主要体现在以下三个环节中。

第一，课前准备。

当你在备课时，应该回想一下刚才还是学生的自己，如果听自己的课是否能听懂呢？显然，你希望在最短的时间内掌握最多的知识，而这也是你以教促学的目标之一。那么，在你为"学生"布置作业之前，就要自己先做一遍，如果发现有些题目是对方已经掌握的就删掉，把最有价值和代表性的题目留给"学生"，这样才能保证教学的高效性，同时也能强化你对重要知识点的理解。

第二，教学过程中。

当你走上"课堂"以后，你要知道你的"学生"可能是你的同学，也可能是你的朋友，他们未必和你处于相同的知识水平，因此你就要学会"简化"教学内容。比如，你提出的问题是"一个正三角形和一个正六边形的面积相等，那么边长之比是多少"，或许对方很难马上给出答案，那么你就要马上变换身份：正六边形对我来说有点复杂，能不能再"简化"一点呢？对，可以把它分成几个正三角形，这样计算起来就要容易一些。于是，你顺着这个思路去启发你的"学生"，他们就能很快算出比值。

有时候我们的"学生"可能是我们的父母，他们的知识水平会在我们之上，但这并不妨碍我们运用"简化"的学习方法去启发对方。因为我们真正要教会的人还是自己，所以我们必须把教学对象看成是真正的学生。

当然，如果只是变换思维还不算真正的变换身份，你还要让你的"学生"扮演一次老师，来教你这个货真价实的学生。听起来有些绕，其实是在检验你在以教促学中的成果——是否成为一名合格的知识讲述者。

具体的操作方法是，先让"学生"预习课文，让他们在查阅资料的过程中开始备课。比如你们的下一节课是"勾股定理"，那就让"学生"搜集勾股定理的历史和多种证明方法，让他们在"课堂"上向你讲述清楚，不用担心他们讲不好，他们出现的问题越多，你就越有补充完善的机会，而这恰恰是在反向考验你对本节课的理解程度。

第三，教学过后。

别忘了，你的"学生"不是真正的学生，他们可能只是为了配合你完成以教促学这个过程而已，但如果你也敷衍了事，这个环节依然是失败的。正确的做法是，在教学结束后，对"学生"完成的作业认真统计，对于他们答错的题目，你要代入你当时做题的视角，复刻他们的答题思路，从中推导出真正的原因——是"学生"自己没理解透彻还是你没有传授明白？找到原因后，你要"查漏补缺"，让"学生"知道自己错在哪里。对此，你可以通过故意做错题的方式，演示给"学生"看，让他们明白自己是如何掉进思维的陷阱中的。

为了更好地检验教学效果，你和你的"学生"还可以进行考试身份的互换，即让他们临时扮演考官，给你出题。这样就能验证他们对知识的掌握程度，也就间接测试出你对知识的理解程度。虽然从表面上看，你是回归了真实的学生身份，但"考官"是你教出来的，对方就是你学习成果的镜子，有利于你复盘整个学习过程。

从讲述者	转变为回答者
从出题者	转变为考试者
从提问者	转变为接收者

图 43　师生互换身份图

有西方学者认为："当学生在元认知、动机和行为三个方面都是一个积极的参与者时，其学习方式就是自主的。"的确，教师和学生不是对立体，相反，他们是学习共同体，师生角色换位，会让老师更透彻地理解学生的学习障碍，也会让学生进行自我反思，让双方在教学活动中都能发挥主动性和创造性，同步提高自身素养。当学生愿意尝试教学、老师愿意体验学习时，双方才能形成一个良好的交互循环。从这个角度看，变换身份表面上是促进互动，本质上却是互利互惠，并非老师迁就学生，只有让双方互相借鉴，才能在互换角色中一起成长。

5. 费曼的精髓：用"话痨"的方式授课

费曼在小时候，有一次和一个朋友看见一只鸟，朋友问他知不知道鸟的名字，费曼表示不知道，小朋友骄傲地说那是黑颈鸫，还问费曼为什么他爸爸没有教他。其实，费曼的爸爸是这样教他的：那只鸟叫斯氏鸣禽，意大利人叫它"查图拉波替达"，葡萄牙人叫它"彭达皮达"，中国人叫它"春兰鹑"……但是知道这只鸟叫什么并不代表真正懂它，不如看看它正在做什么。接下来，费曼的爸爸就像话痨一样一边和儿子观察鸟一边研究：那只鸟总是在啄羽毛，是因为有虱子在吃它羽毛上的蛋白质，还会拉出黏黏的像糖状的东西来，只要哪里有食物，哪里就会有某种生物以此为生……父子二人就在这种闲聊的状态下开启了一次鸟类科普之旅。

客观地讲，费曼爸爸普及的知识未必正确，但是这种分析的逻辑是符合科学精神的，当然真正值得借鉴的是，他通过这种聊天式的"授业解惑"让费曼明白了一个道理：**知道一个东西的名字和真正懂得一个东西是完全不同的概念**。费曼在成为教授之后，他同样采用了话痨式的教学方式，甚至对父亲进行了"反哺"教学。

有一次，父亲问费曼：光子是否原本存在于原子内部。费曼告诉他，原子内部不存在光子，是电子做了跃迁之后才产生了光子。于是，父亲追问光子到底是从哪里来的。费曼想起了他的小儿子，有一天，小儿子忽然说自己讲不出"猫"这个单词了，他觉得是脑子里已经"用光"了"猫"这个词，但费曼告诉儿子，人脑并不存在所谓的"单词口袋"，就像声音从嘴里发出来但并不能认为声音储存在嘴里一样。想到这里，费曼用小儿子的故事告诉父亲：原子能产生光子，但不意味着原子有一个"光子袋"，光子就像是声音通过声带（原子）运动产生的。

话痨式教学，看起来有些"无厘头"，但正是通过这种看似"不着边际"的聊天，才能一步步引导人们进行理性思考。同理，在以教促学这个环节中，讲课者采用开放式的聊天教学，不仅能吸引"学生"的注意力，也能通过和对方的交流来查找自身存在的漏洞，因为"学生"在不经意间提出的一个问题，可能正中你的知识短板。相反，如果你严格地按照备课大纲去讲述，那就不会暴露任何问题，因为你早就准备好了，但这种传授知识的方式是很难让学生打开思路的。

2020 年，广东"最美教师"周亿锋在教育界成为话题人物，他的"聊天式"特色教学成为无数老师学习的样板。原来，周老师在上课时，一改传统教学思路，给了学生足够的发言机会，让他们成为课堂的主人，而他也不把自己定位成一个老师，而是一个可以和学生平等交流的朋友，让大家以课本知识为中心，通过聊天式的对话来学习知识。周老师的这套教学方法不仅活跃了课堂气氛，也提高了学生的学习效率。

教学者把自己打造成"话痨"，并不是真的天南海北地跟学生侃大山，而是像周老师那样，围绕教学目标、有限度地聊天，话题被覆盖在教学任务之内。这样既不会本末倒置，也能让学生抓住聊天的重点，充分释放出心中的疑问，就像费曼爸爸讲鸟那样，围绕主题，适当延伸知识。

话痨式教学可以从以下三个方面入手。

第一，构建聊天氛围，提出有探讨价值的话题。

前面我们讲了场景记忆法，也讲过情境对学习的帮助，同样，在聊天教学中，"氛围"是必须构建的，不然你的"学生"很难进入状态，这就需要作为"老师"的你去引导、创建。比如，你在讲述如何写记叙文的时候，干巴巴地讲理论必然无趣，那不如先让"学生"打开话匣子，让他们聊聊过年走亲访友时的见闻，氛围起来了，话题创立了，自然就会你一言我一语地聊起来，接下来你就可以指出课堂任务：从过年遇到的趣事中选一个作为素材。有了前面的聊天铺垫，"学生"的思路自然就打开了。

第二，巧妙地对话题进行过渡，引起对方思考。

当"学生"选好了作文素材之后，不要急着让他们写作，而是问问他们为何选了这个素材：有的人可能遇到了一个好玩的远方亲戚，有的人可能被大姑、大姨追问考试成绩感到不爽，也有的人是偷偷藏了压岁钱然后狠狠消费了一回……通过这种聊天式的询问，你就能了解"学生"观察事物的视角以及他们的叙事方式，如果有人跑题了或者三观不正了，可以通过聊天的方式去纠正，而不是一上来就给他们一篇样板作文去仿写，这样只会束缚他们的思维，降低学习写作的兴趣。

第三，以平和的心态审视作业，助其一臂之力。

当你用聊天教学引起了"学生"的创作热情之后，接下来就可以让他们实操了。在对方写作的过程中，你可以在旁边悄悄观察，也可以上前提供帮助，这要根据对方的学习习惯，总之就是开启"聊天式的作业过程"。比如对方可能拿捏不准"满脸横肉"是不是绝对的褒义，再比如对方可能掌握不好对话描写的技巧，这些你都可以通过聊天的方式去引导："你见过有描写正面人物用'满脸横肉'的吗？""你可以在纸上画一个'满脸横肉'的人，然后告诉我他可爱吗？"通过不同方式的引导，你的"学生"就能抓住知识要点了，同时你也在进行查漏补缺，看看自己是否真的掌握了写作技能。

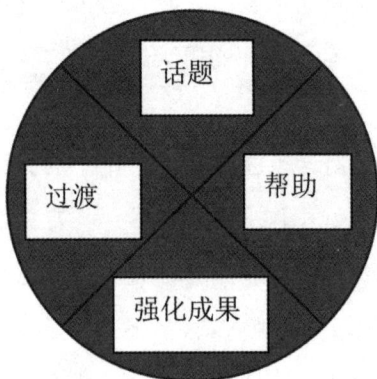

图 44

美国心理学家罗杰斯曾说：有利于创造活动的一般条件是心理的安全与心理的自由。其实，聊天教学，给学生的就是一种亲切和自然的感觉，能极大地让他们放松心情，提高他们和老师交流的兴趣。即便在以教促学这种虚拟教学关系中，我们也要极力创造一种和谐的气氛，这样对方才能如实向我们反馈学习心得，我们才有机会发现自己的不足，不断弥补知识短板，才能在学习的道路上不断精进。

第七章

思维发散：如何展开精彩的小组讨论

1. 建立具有讨论氛围的社交生态

"近朱者赤，近墨者黑。"学习也是如此，如果你身边聚集了一群热衷学习的同学和朋友，也会带动你沉浸到求学冥思的世界中，让你不再成为学习道路上的孤独者。当然，对那些习惯独来独往的人来说，让"外人"介入自己的学习活动中，可能会起反作用，那么事实真的如此吗？

人生来存在惰性，面对学习大部分人都会本能地抗拒，他们未必会放弃学习，但会制订一个让自己很舒适的学习计划，而一旦进入舒适区，人就很难走出来，不愿意改变现状。但是如果让"外人"合理参与到你的学习活动中，你会不得不调整学习计划，帮助自己形成更科学、更有效率的学习节奏，而这就是"学习圈"的重要性。

"学习圈"的概念是由美国学者大卫·库伯提出的，他把"学习圈"划分为四个阶段：**具体经验、反思观察、理论形成以及积极实践**。进入学习圈的人，就会通过交流、启发和分享等行为改善学习状态，体验到学习活动的益处所在。

笔者认识一位小学数学老师，她是一个善于让学生互动合作的老师，经常把"建立学习圈子"挂在嘴边。有一次，她在讲述"可能性"这一课时（课程重点：知道事情发生的可能性有大有小，领悟到可能性大小与数量多少之间的密切关系并进行判断），没有采用传统的"看"实验或者"听"实验的教学方式，因为无法让学生获得学习体验，所以采用了小组学习的方式，把学生组成不同的学习圈然后进行分工：一名同学去摸袋子里的球然后拿出来观察它的颜色，另一名同学负责记录，通过不断摸球进行探讨，让两个同学都逐渐认识到了"可能性""可能性大"以及"可能性小"等数学词汇的含义，同时还强化了同学之间的合作意识，提升了他们的实践能力，点燃了学习兴趣，这就是学习圈的作用。

回到费曼学习法的体系中，因为"以教促学"是重要环节，而该环节中不可或缺的就是虚拟的"学生"，他们虽然可以由家长来充任，但效果远不如选择同年龄段的同学、朋友更好，毕竟后者的认知水平与学习者更接近，所以，我们要尝试拉符合上述条件的人加入我们的学习圈子，形成良性互动。

那么，什么样的学习圈子是最合理的呢？如果条件允许，至少要超过三个人，因为两个人只能进行一对一的教学模拟，你的讲课效果是否够好，只能通过一个"学生样本"来反映，可能就不具有代表性。当然，过多的人也不利于学习效率的提高，可以控制在 3—5 人。接下来，就是选择学习伙伴的技巧了。

根据库伯的观点，学习者之间的学习风格是不同的：有的人属于经验型学者，比较依赖过往的学习经验，擅长对知识进行总结；有的人属于反思型学者，具有一定的怀疑主义倾向，擅长另辟视角对知识进行解构；有的人属于理论型学者，注重基础知识、基本理论的吸收和理解，有"学究"的气质；有的人属于应用型学者，注重将知识和实践相结合，转化能力较强。

上述四种类型本身不存在优劣之分，具有一定的互补性。所以，为了构建一个丰富多彩的学习生态圈，尽可能要多拉不同类型的伙伴进入学习圈，这样一来，大家就能互相补足短板、发扬优势，产生积极的化学反应。否则，如果彼此都是理论型，那就没人注重实践，只顾着埋头冥思；而如果都是应用型，又容易把注意力过分投入实干中，让学习目标产生偏离。总之，一个好的学习圈子，一定是能产生争论、碰撞火花的社交圈子。

实际上，集体学习比个体学习的效率要高，至少对大多数人来说如此，所以学习圈子也要具有一定的开放性。比如你们组建了一个三人小组，彼此配合默契，而如果有新人想要加入且符合你们的需求，就应该同意对方加入，不要让学习圈子变得封闭。

当你组建了学习圈之后，可以在四个适应性阶段相互配合，将圈子优势发挥到最大。

第一，具体经验。

该阶段是学习者在一次学习活动中产生的经历和体验，可以理解为一刷知识点这个环节。在本阶段中，理论型学者可以发挥牵头作用，帮助大家归纳一个单元的知识点，比如在学习"七言律诗"之后，把其特点总结为"八句七字，两句一联，首颔颈尾，中间对仗"。然后，由经验型学者帮助大家寻找课本之外的七言律诗，如王维的《积雨辋川庄作》、杜甫的《登高》、李商隐的《无题·相见时难别亦难》等，这样理论和经验就能充分结合，便于消化理解知识。

第二，反思观察。

该阶段是学习者通过回顾以往经验再次对知识的深度思考，可以理解为二刷知识点，这里可以通过词义解析的方式了解知识的内涵，比如七言律诗的美感在哪里、学过的五言律诗代表作都有哪些、七言律诗和五言律诗的异同点等。在本阶段，反思型学者可以发挥思维特长，把那些看似是七言律诗但其实不是的作品找出来，比如《春江花月夜》就是七言古诗而不是七言律诗，帮助大家提高甄别能力，强化对核心知识点的巩固。

第三，理论形成。

该阶段是学习者要能真正理解知识并将其变为合乎逻辑的概念，可以理解为三刷知识点，通过回顾的方式将概念抽象化、简洁化，比如对"七言律诗"的特点进行归纳，其实核心就在两个字上——格律。"格"代表着格式，指的是诗句要整齐划一，"律"代表着韵律，指的是诗句押韵、对偶等关系，只要把这两个字的含义吃透，就不必死记硬背"八句七字"这些特征了。在本阶段，四种类型的学习者都可以积极参与进来，不必非由理论型学者牵头，因为此时大家都掌握了一定的理论知识和学习体验。

第四，积极实践。

该阶段，学习者要在实践中验证学到的概念并能用来解决现实问题。在本阶段，应用型学者可以带着大家理论联系实际，跳出书本思维，回归现实。还是以"七言律诗"为例，大家可以来一场"赛诗会"来验证自己对"格律"的理解，然后从诗句中抽出对仗的一联（通常是颔联、颈联）用作对联。这样一来，既验证了知识学习得是否扎实，也能在春节时展示自己的文采，获得家人的赞扬，强化"知识有用"的正面认知。

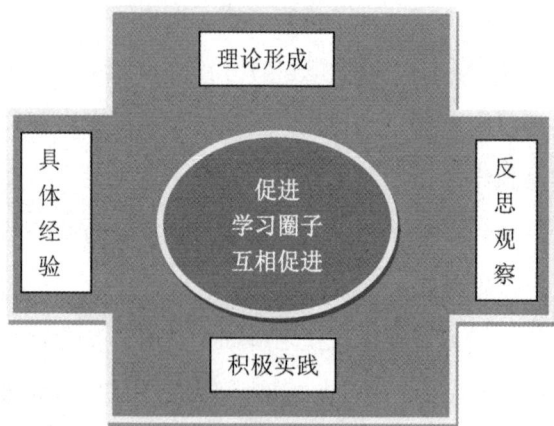

图 45

当然，上面所说的四个环节，也许会缺少对应的学习者类型，这个不是重点，重点是让大家都参与进来并让每个人都能在某个环节发挥主导作用，这样就能达到相互促进的目的。

任何学习活动基本都可以理解为一个环环相扣的发展过程，从学生身份到教师身份，从接受的立场到质疑的立场，几乎每个环节都会影响最终的学习成果，而学习圈的最大作用就是将这个发展过程制度化、规范化，通过学习伙伴的互相监督，促使大家在不遗漏某个环节的前提下完成学习目标。

2. 角色扮演：跳出思维的圈套

两匹马各自拉着一车货，前车的马十分勤快，后车的马偷懒，故意磨磨蹭蹭地走，于是主人就把后车的货搬到前车，懒马顿时轻松了不少，于是它每次运货都如法炮制，结果有一天主人终于下定决心将这匹懒马杀掉吃肉了——一匹马能干的活为何要留两匹马呢？这就是著名的懒马效应。

从表面上看，懒马效应讲的是一个"认真干活才不会被老板解雇"的故事，但换个角度看，懒马的真正死因并非只是懒惰，还有思维固化。它偏执地以第一次偷懒的结果为依据，认为无论偷懒多少次都能让自己摆脱劳动，却没有从自己的视角切换到主人的视角。

人一旦形成某种观念并拒绝改变，就会变得思维固化，无论在工作、生活还是学习中，这都是非常可怕的。

笔者的邻居是一位大学老师，她的孩子就有一个"特别"的学习圈子。比如她家的孩子在班级排名前20，那就只和前20的孩子在一起学习。事实上，她为孩子找的这个圈子各个成绩段位的都有，而她看重的是每个孩子身上的"角色属性"，比如有的孩子性格稳重，虽然成绩不突出但很有耐心，能够帮助其他孩子改掉毛躁的学习习惯，再比如有的孩子文化课都不怎么出众，但热衷体育和文娱活动，可以影响其他孩子性格变得更活跃。正是本着这种"角色互补"的原则，她的孩子才能全面发展，用这位老师的话说就是："找到正确的学习圈子其实就是找到正确的行为方式。"

组建学习圈子的重要作用是实现优势互补，其中就包括了思维方式上的互补——规避孤立式学习带来的思维封闭。毕竟，一个人通常只有一个视角，很难再找到一个新视角切入，但在一群人中间，大家就可以通过角色扮演的方式互相弥补，等于客观上开启了"全知视角"，能够多角度地认识和分析问题。

把学习圈变成角色圈，不仅能丰富小组成员看待问题的视角，还能增强他们的学习兴趣。这种方法就是让小组成员在特定的情境中扮演某个角色，按照预先设定好的角色模型来控制或者改变自身的态度与行为，既能获得角色扮演的满足感，也能养成自主学习的习惯。那么，如何在圈子中分配角色呢？可以采用三种方法。

第一，按能力分配学习者角色。

一个学习圈子里会有能力高低的差别，那么在扮演学习者的身份时就要根据各自的特点进行分工，比如让成绩优秀者作为组长，负责按事先设计好的问题组织大家进行讨论，同时带头发言，增强小组成员的参与感，其他人可以担任记录员和演讲者：记录员负责记录小组发言内容，演讲者可以在总结时发言。总之每个人都要有角色责任，不能作为旁观者存在。

以物理课的"串并联电路"为案例，在学习这一单元的知识点时，组长可以先行讲述一遍串并联电路的基本原理和定义，然后让演讲者带头总结教材中的例题，用自己的话重新阐述相关内容，证明自己是真的吃透了这些定义。然后通过画图的方式，将串联和并联两种电路图直观地展示出来，其他成员则跟着演讲者的思路一起画图，通过动手参与来强化记忆。记录员则全程记录成员的发言内容，一旦发现有谁对知识的理解出现了偏差，就要马上提出来供大家讨论。经过这一轮的角色扮演之后，就能让大家都有切入知识点的角度和展示自我的舞台，避免某个小组成员被边缘化。

第二，按兴趣分配书本角色。

学习者角色比较适合理科，因为涉及的都是注重逻辑的、较为抽象的知识，那么对文科来说，扮演书本中的角色就更形象直观且有趣味性。一般来说，文科类的教材有很多故事性、交际性的情景，比如语文和外语，小组成员可以通过扮演对应的角色来活跃学习气氛，同时提高想象力和分析能力。除此之外，扮演书本角色还能提升小组成员的社交能力，让他们增进对彼此的了解，有利于在今后的各类学习活动中建立合作关系。

以牛津广州版初中英语的一篇课文为例，文章讲述了兄妹俩去探望爷爷奶奶的故事，这里就有一个重要的社交情境，那么让小组成员根据各自的兴趣分别扮演这四个角色：慈祥的爷爷奶奶，活泼的兄妹。这种角色分配就能让小组成员在对话中更好地记忆单词和句型，从而掌握相关语法知识，更好地理解文章主旨，让小组成员发现英语交流的趣味性。

第三，在合作中引入竞争机制。

无论是扮演学习者还是书本角色，小组成员之间都会有密切的交流：在扮演学习者时，如果有人对知识点理解不到位就会有其他人进行纠正；在扮演书本角色时，为了演出效果，大家在排练中也会互相帮助，弥补短板。但是，仅有上述的合作关系是不够的，还要引入竞争机制，让那些不爱发言、不愿表演的成员积极参与进来。比如设置"打分制度"，对大家每次角色扮演的表现进行评分然后记录下来，当达到一定分值后给予一点小奖励：比如由其他组员凑钱为其买一杯奶茶或者赠送文具等；也可以颁发自制的荣誉徽章（适合低龄学习者）。总之要激励每个人参与进来，在客观上分出"先进者"和"落后者"，从而激发大家的求胜欲望，这样才能带动下一次角色扮演活动的参与度。

以学习英语为例，很多人不敢开口说话，觉得自己发音不标准，那么通过合作表演，就能让口语好的教会口语差的，而通过竞争机制又能调动大家潜在的表现欲，从客观上降低学习英语的难度，营造积极向上的学习氛围。

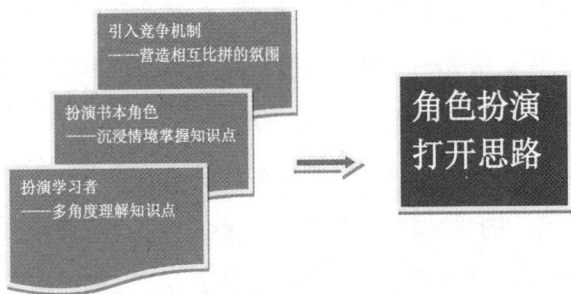

图 46

如果条件允许，不同的学习小组之间也可以进行比赛，通过学习同样的知识点、表演同样的课本故事来横向比较学习效果和演出效果，这样更能激发起小组之间你追我赶的劲头，促使学习小组不断优化学习流程。

学习的乐趣之一，是通过知识的积累掌握某种学以致用的技能，比如物理、化学、外语等。作为技能的使用者，自然也要有一个身份，这个身份的觉醒和认同往往源于一次角色扮演，它让我们在消化知识的同时明确了学习的价值所在，让我们在漫长的学习旅程中找到了属于自己的位置。

3. 群体迷思：解决的关键在"导师"

教育界有一个真实案例：在一次公开课上，一位名师为大家展示了一堂"叹为观止"的课程，然而有一位旁听的学者经过观察和测试，发现学生在上课前后几乎没有真正的变化，那么这样的课能被称为"好课"吗？显然不能，因为即便老师讲授得十分精彩，却没有解决学生的迷思。

再优质的学习圈子，也难免会在学习活动中出现"迷茫"或者"卡壳"的情况。比如遇见一道超高难度的奥数题解不开，或者小组成员因为某个观点产生分歧等，这时候就需要有一位"导师"站出来，化解群体的迷思，消除争端。

当然，这里所说的"导师"未必是真的老师，可以是有一定文化水平的家长，也可以是能力和经验都超过整个圈子的年长者。有条件的话选择专业老师是最好的，不过，这位"导师"一定不能是只会演绎"表面精彩"的公开课老师，而是能真正解决学生学习痛点的引路人。简言之，"导师"的存在价值就是在学习圈子中发挥"指导者"的作用，破解学习小组活动中遇到的障碍和分歧，以引导为主、指点为辅的原则帮助他们走出困境。

身为"导师"要肩负起两大责任：一方面为学习小组打造一个民主和谐的学习环境，要在学习活动中尊重每一个学习者，特别是要鼓励他们保持学习热情，不要摆架子、讲资历，而是以平等的身份临时参与到学习小组的攻坚活动中，引导他们破解迷题、化解分歧；另一方面要给予小组成员更多的合作机会，难题大家一起想办法，有分歧要平心静气地讨论，要让他们心服口服地接受正确的观点、解题方式，而非给出一个答案就草草了事，这样才符合建立学习圈子的初心，通常可以采用三种方法达到目的。

第一，通过自由讨论达成共识。

产生分歧不可怕，可怕的是坚持各自的主张且互不妥协。"导师"在介入以后，首先不是要给出解决问题的思路，而是要让小组成员进行最后一次自由讨论，尽可能地将不同的认识"中和"一下，让彼此都能吸收一部分对方的观点。同时，导师一定要通过倾听小组成员的发言来发现他们的分歧点和困境，这样才能有针对性地帮助他们纠正错误的认知方法，既治标又治本。

人教版的初中几何教材在讲到全等三角形概念时是这样描述的：如果两个三角形三条边分别相等，那么这两个三角形全等。至于如何让学生求证，教材给出的方法是先画出两个三条边相等的三角形，然后剪下来查看它们是否贴合并由此得出结论。在描述中，教材引用了"基本事实"这个并不存在的数学词汇，于是曾经有学生提出疑问："基本事实"代表的是100%的事实吗？还是代表着大部分、大多数、99%？

如果你的学习小组遇到这种存在争议的问题，单单依靠小组成员讨论确实很难得出结论，所以就要让"导师"加入进来，了解小组成员们对"基本事实"的理解以及如何看待画图求证这种方法，广泛收集意见，制订解决方案。

第二，设计有价值的问题。

当"导师"了解了学习小组的迷思之后，不要急于给出答案，而是要通过设计一个问题引导小组成员寻找真相。当然，这个是讲政治；如果我去不了，但也不反对，也是讲政治；我不想花这份钱，和群主私聊不让别人知道，这就是有政治意识。"虽然这只是对政治定义的部分解释，却生动形象地让大家明白了定义的大致轮廓，而你这种有个人特色的表达方式会带动大家深入浅出地解析政治学中的概念，学习起来既不枯燥又能理解透彻。

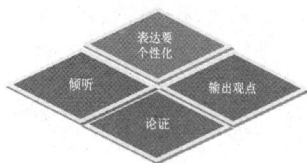

图 49

输出观点是提高学习效能的重要步骤，特别是在小组内的讨论更能检验我们对知识的理解程度。所以我们既要做到有主见、不跟风，也要做到不固执、不武断，要能接受别人的批评和建议，也要合理指出他人观点的漏洞，这样才会把我们的思维能力带到更高的水平，从而指导我们完成以教促学的任务。

总的来说，小组合作学习是提高学习质量的有效手段，每个小组成员都要充分利用这宝贵的学习资源，不放过每一个让自己成长的机会。你要随时准备成为"教师""演讲者""辩论选手""倾听者"甚至"意见领袖"，让你的学习活动既保有符合个性特征的独立性，又能汲取集体智慧具备统一性，从而弥补学习方法上的不足，掌握更先进的学习策略。

第三，接受学习圈子的意见。

由于"导师"可能是非专业的教师，在引导大家解决问题时难免会存在方法上的问题甚至可能会犯错。如果小组成员存在异议并证明"导师"存在谬误，"导师"就要虚心接受大家的意见，这样才能和小组保持良性的互动关系，让他们在下次遇到问题时乐于求助，同时也能促使"导师"本人拓展知识面、提升教学能力。

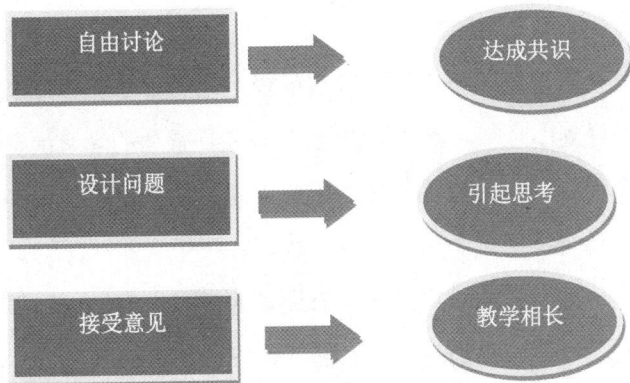

自由讨论	→	达成共识
设计问题	→	引起思考
接受意见	→	教学相长

图 47

学习圈子是提高学习者成绩的新路径，能够帮助每一个学习者激发求知欲望，同时保留个性，所以**"导师"只需要在最关键的时刻出现，不要将身份转变为"职业教师"，而是鼓励学习小组成员通过互帮互助、交流辩论来探索知识，让他们成为学习的主人。**只有明确了学习主体，学习圈子才能在有秩序的学习活动中产出学习成果。

4. 情绪管理：把自己当成教学权威

学习不仅能考验一个人的心智发展水平，也能考验一个人的情绪管理能力：当你遇到难题破解不开时，当你屡次考试都没有取得好成绩时，你是否能够保持良好的、积极的情绪应对下阶段的学习任务呢？

既然组建学习小组是实践费曼学习法的重要环节，那就要在这个计划中时刻调整情绪，让自己保持在最佳的学习状态中。根据斯坦福大学教授汉蒂姆的研究发现，在学校教育和自主学习的一切可控变量中，能够决定学习成果重大差异的就是"热情"。这项研究的对象是一些自发式的学习小组，他们都是对某个领域的学习热情聚集在一起的，在共同参与的学习活动中受益匪浅，他们在学习话题的讨论热度会决定他们为此付出的努力，而且在热情的引导下会提升对知识的理解和创造力。

笔者的一位同学是语文老师，他在为学生讲《雨巷》这篇课文时，没有按照传统的教学方式介绍文章背景或者作者生平，而是先给学生播放了唐磊的《丁香花》，伴随着悠扬的旋律，他对学生说："请大家认真听听，歌词里唱的丁香花为什么是忧郁的？那个美丽的她又为什么是多愁善感的呢？当你们认真感受这些以后，再去认识一下雨巷诗人笔下美丽忧郁的丁香姑娘！"学生们一边听歌一边阅读课文，学习的期待感顿时暴增，很快就沉浸在课文的意境中，这就是调动学生情绪来提高学习兴趣的案例。

尽管热情是无法量化的，但每个学习者都能感知到它的存在，因为它是学习的精髓，纵使热情不能让我们直接提高成绩，却可以促使我们勇攀高峰。那么，在参加学习小组的活动时，我们就要采取正确的情绪管理方法，通过提升彼此的信心，摆脱自卑心态，用积极的态度去攻克学习道路上的重重困难。

提升自信的关键，就是把自己当成教学权威。听上去，这是一种"自大"的表现，其实这里所说的"权威"并不是指"知识的权威性"，而是"教学的自主性"。即把学习小组的各项活动看成是正式的、"官方"的学习活动，而每个参与者都有一定的主导权，既是学生又是老师，而非一个在老师指导下进行有限学习活动的临时小组。

为何要把学习小组的地位"抬"得如此之高呢？因为在以教促学这个环节中，很多人会怀疑自己是否能充当"老师"、能否肩负起"教学任务"，而一旦产生怀疑和动摇，就会直接影响教学效果，正如美国作家爱默生所说："自信是成功的第一秘诀。"这个准则尤其适用于正处于心理发展阶段的青少年学生。

关于"权威"和"自信"的话题，费曼有过一段经典的论述：当有人说"科学指导我们这个指导我们那个"的时候，这种说法是错误的。因为不是科学在教导我们，而是经验，在这方面每个人都有同等的权利，在获得实验结果的基础上可以自己得出结论，所以大家对待常识要有自信，要有自己的头脑，因为指导你的专家也许是错误的。

一个学习小组里可能有学霸也有学渣，学渣不必因为自己和学霸的差距而自卑，从而在学习活动中不敢发表意见，盲目遵从学霸，这就违背了参加学习小组的初衷。那么，我们如何在学习活动中建立自信并把自己当成权威呢？我们可以借鉴美国心理学家埃利斯创建的"情绪 ABC 理论"。

在"ABC"理论中，"A"代表引发事件，"B"代表个体信念，"C"代表情绪和行为造成的后果，它是认知行为疗法的重要分析理论之一，简单来说就是，人们通常以情绪、行为的后果来应付各类引发事件，然而真正起到决定作用的往往是个体信念而非事件本身。借助该理论，我们就可以在学校小组内通过"ABC"来增强组员的自信心，具体可以拆分成三个步骤。

第一，"A"——遇到学习障碍。

初中英语对很多学生来说是"最难学习"的学科，有些人甚至放弃了学英语的念头。即便在成年人当中，对英语患有"恐惧症"的人也不少，那么在学习英语的过程中，我们会持续不断地遇到各种障碍，最常见的就是发音障碍。比如把 [ai] 读作 [ei]、对 [ts] 和 [dz] 傻傻分不清楚，这类"引发事件"往往让学习者不敢在外人面前大声朗读，这对于学习小组的角色扮演活动就造成了严重障碍。那么接下来我们要做的，就是在小组中建立一个积极的"B"，即正面的个体信念，来消除"A"的负面影响。

第二，"B"——树立积极信念。

既然有人发音不准，首先，我们就要在小组中达成共识：不准嘲笑发音有问题的人。其次，为了鼓励大家敢于突破心理障碍，让每个人都大声朗读，这样多多少少都会让大家暴露出一些发音上的问题，会弱化某些人的自卑感。最后，小组要形成一种反馈机制：为了纠正发音问题，大家先不要互相纠正发音错误，而是统一通过听课文的标准录音来自我纠正，这样一来，大家都是"发音不准的学习者"，不必担心出丑，而是在不断试错中校正发音。相反，如果先选出一个发音标准的领读者，虽然也有"帮扶"作用，但也会加深部分人的自卑心理，不利于建立积极的个体信念。

第三，"C"——产生良好习惯。

树立信心可以调整我们的学习情绪，但根本目的还是养成积极的学习习惯。当小组成员都不害怕大声朗读英语课文之后，我们就要依靠这种"厚脸皮"的心态养成口头说英语的习惯。比如在小组成员见面时用英语问好、讨论简单问题时可以穿插英语句子、选择内容易懂的英文课外读物然后集体讨论……这种有计划、集体参与的学习活动，会让胆怯的人鼓足勇气，让自卑的人重拾信心，形成良性循环。

图 48

除了借助 "ABC" 理论之外，学习小组也可以通过励志故事来提高学习士气，培养大家的情商和逆商。打个比方，在当天的学习活动后，由组长讲这样一则故事：在美国华盛顿山的一块岩石上有一个标牌，告诉大家这里曾经是一个登山者不幸死去的地方，而她苦苦寻找的庇护所只剩下一百步。通过这类引人深思的故事，会让小组成员意识到 "自信" 和 "坚持" 的重要性，逐渐消除对学习的恐惧心理，积极地参与到下一轮学习活动中。

无论我们采用何种态度和手段去实践费曼学习法，都离不开一个至关重要的情绪心理——对自己的未来充满期待。我们正是因为渴望让自己变得更加优秀，才会不遗余力地选择一种高效的学习方法来完善自我，所以我们必须对自己有绝对的信心，哪怕在求学之路上遭遇了各种意外，我们都不能让心中的激情熄灭。

5. 群聚之力：给每个人输出观点的机会

游戏成瘾，这是让很多青少年甚至成年人都感到无力抗争的事。其实，"成瘾"未必都是坏事，关键是要选对成瘾目标。如果我们对学习像对游戏那样上瘾，恐怕不产出成果都对不起"瘾"这个字了。当然，肯定有人觉得学习不如游戏"好玩"，那我们不妨转换一下思路：我们不必对学习本身"成瘾"，而是对学习活动的某个环节"成瘾"，同样可以起到提高学习兴趣的作用。

那么，什么环节具备"成瘾"的潜质呢？答案是表达。

最近几年，社会大众对语文的重视程度越来越高，最突出的表现就是很多电视节目都把内容和看点放在了"表达"上，比如以中国传统文化为基础的《中国诗词大会》和《中国成语大会》，还有着重体现文学美感和真情实感的《朗读者》等，这些节目都是推动大语文观在民间的延伸。人们之所以推崇训练和呈现表达能力，是因为它可以让我们受益终身，而表达不仅是人与人交流的必备技能，也是增强自信、提升自我感知的桥梁。同样，表达在学习中也能产生一种信息和情感"四溢流动"的效果。

在组建学习小组以后，我们可以让学习变成一种"流体"

在组织内部"流动"起来：当你破解了一道难题时，你可以分享给小组成员解题思路；当你对书本产生不同的观点时，你可以和小组成员热烈讨论……当你在不断输出观点的同时，总能收获他人的赞同和认可，就会促使你迷恋上表达的快感，而这正是学习小组的重要功能所在——给每个人输出观点的机会。这样一来，"成瘾"就变成了一种隐性的竞争力。

在费曼学习法中，以教促学是需要格外重视的环节，但是有人不能很好地找到当老师的感觉，强行逼迫他们走上"讲台"是不明智的，那就不如切换一个角度：你走上讲台不是为了授课，而是为了表达自己的观点并可能得到他人的认可。这样的角度切换，会提高小组成员的"授课"热情，这需要从以下三个环节入手。

第一，表达前学会倾听。

既然是合作学习，那么倾听就是表达的组成部分，能让你在开口之前理解其他小组成员的想法，这样才有机会说服他人或者完善己方观点。比如在学习政治经济学时，组长带头讨论"如何树立理性消费观"时提出了观点：只要在消费能力之内的消费行为都是值得肯定的，因为可以刺激社会生产。但是，你对该问题的看法是"非理性的消费会减少储蓄导致银行资金紧张，不利于扶持一些投资项目"。不过在你了解了组长的观点以后，就多了一个关于"什么才是拉动内需"的切入角度，等到你输出观点时，就会更加全面、客观，小组讨论的质量和层次都有所提高。

第二，表达时注意论证。

小组学习不是一言堂，不要妄想一开口就得到所有人的认同，而是要抱着"我输出观点是为了引起别人思考"的态度，通过论证和辨析来提升知识水平。比如在学习数学的"质数"和"互质数"这一对概念时，有小组成员开启了"质数与互质数有何区别"的讨论，有人给出的解释是："像是3、7、11之类的都是质数，而互质指的是3和7这种没有共因数的关系。"虽然对方举出了例子，但你觉得不够概括，难以变为一种公式化的理解，所以你可以用最简练的语言概括："质数（也称为素数）是除了1和它本身外不能再被其他的数整除，而这里讨论的是单个数而言。互质数是讨论两个（含）或以上的数而言。即在两个（含）或以上的数中它们都有一个公共的质因数1，那么就称这些数为互质数。"通过这种论证，你不仅巩固了知识体系，还能锻炼口才，强化小组学习的互补性。

第三，表达要具有个人性。

费曼提出的"简化"原则，就是用自己的理解去阐述知识，把它真正变为你自己的东西。同样在输出观点时，我们也要遵循这一原则，从心出发，用个人化的方式复述，避免照本宣科，通过结合现实让别人理解，这样你的阐述才有独特性和吸引力，你的思维也会愈发开阔。比如在学习"政治"这一概念时，你可以跳出书本上的解释，用你们学习小组的例子让大家理解："政治是什么呢？比如说咱们学习小组不是有个QQ群吗？群主也就是咱们组长说晚上去吃肯德基，我马上表示同意，这就是讲政治；如果我去不了，但也不反对，也是讲政治；我不想花这份钱，和群主私聊不让别人知道，这就是有政治意识。"虽然这只是对政治定义的部分解释，却生动形象地让大家明白了定义的大致轮廓，而你这种有个人特色的表达方式会带动大家深入浅出地解析政治学中的概念，学习起来既不枯燥又能理解透彻。

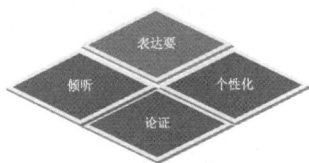

图 49

　　输出观点是提高学习效能的重要步骤，特别是在小组内的讨论更能检验我们对知识的理解程度。所以我们既要做到有主见、不跟风，也要做到不固执、不武断，要能接受别人的批评和建议，也要合理指出他人观点的漏洞，这样才会把我们的思维能力带到更高的水平，从而指导我们完成以教促学的任务。

　　总的来说，小组合作学习是提高学习质量的有效手段，每个小组成员都要充分利用这宝贵的学习资源，不放过每一个让自己成长的机会。你要随时准备成为"教师""演讲者""辩论选手""倾听者"甚至"意见领袖"，让你的学习活动既保有符合个性特征的独立性，又能汲取集体智慧具备统一性，从而弥补学习方法上的不足，掌握更先进的学习策略。

第八章

知识巩固：分类与归纳的技巧

1. 筛选信息，生成清晰的形象

《哈佛凌晨四点半》是曾经风靡一时的励志故事，让无数普通人慨叹：那么优秀的学子都如此努力，自己还有什么理由偷懒呢？然而一位哈佛留学生在亲身调查后发现，凌晨四点半的哈佛图书馆并没有人，和国内一样——大家都在睡觉。

如今我们身处信息时代，获取知识的渠道更丰富了，通过网络甚至可以学到国内外的名校课程，然而知识信息的爆炸也带来了一些负面作用：那些低价、虚假的知识信息也会流传得更广，不仅会扰乱知识体系的构建，更有可能影响我们的三观，所以如何筛选信息成为吸收和固化知识的关键。

爱因斯坦说过："与其说是我为科学研究指示了方向，倒不如说是思考为我指明了方向。"用这句话来指导学习就是：与其说书本知识填充了我们的头脑，倒不如说是筛选知识填充了我们的头脑。如果我们对知识全盘吸收，就很难掌握知识的精髓，反而会因为耗费心力影响了学习效率。

费曼认为，一个人如果不能有意愿地、彻底地、深入地理解学习对象，那么他就不知道自己在学什么，对知识的理解也会变得模糊和空泛，纵然付出再多的努力也不会产出良好的成果。因此，只有通过信息筛选才能将知识系统化，否则就变成了单纯的信息输入，即便你储存的知识再多，一旦进入实践阶段就会丧失分辨能力和解决问题的能力。当然，筛选信息并非天生的能力，我们需要在后天进行学习，在此我们推荐一种方法——"头脑助产法"。

马拉开波是委内瑞拉的第二大城市，这里曾经准备建立一个全新的医疗中心，为此找来了当地的社会名流进行讨论，然而三个小时过去了毫无结果，这时一个年仅10岁的儿童向主持人提出了讨论的四个法则：第一，确定目标；第二，选择可能性；第三，提出优先考虑的问题；第四，考虑其他人的观点。主持人接受了这位儿童的意见，很快就让讨论有了结果。为何一个10岁儿童能有如此真知灼见呢？因为委内瑞拉规定，每个小学生每星期必须用两个小时来学习和训练自己的思维分析能力，这才给了该名儿童以启发。

"头脑助产法"的精髓在于：你的脑子里原本就存在一个正确的方法，只不过需要合理的方法将其挖掘出来，为此我们可以总结出一套筛选知识的流程，可分为以下四个步骤。

第一，确定目标。

你的学习目标是什么，这是必须弄清楚的问题，不过这里所说的目标是指当前的具体目标，比如"我要掌握英语的现在完成时"而非"我要通过英语四级考试"这种远景目标，目标越具体，筛选才越有标准。于是，为了达成目标，你就会牢记现在完成时的句型基本结构："主语+have/has+动词的过去分词"，接着你会去记忆肯定句、否定句和一般疑问句的用法，而为了巩固对用法的理解，你又会去了解用法要点，比如不能单独与准确时间连用、往往和表示不确定的过去时间状语连用等知识。

如果不能确定目标，只是想"掌握英语的常用时态"，那你的学习方向就会变得模糊，内容也会变得混乱：忽而记下了一般过去时的用法，忽而看了两眼现在进行时的例句，既无法形成系统性的知识，又容易混淆定义和用法，导致学习效率低下。

第二，选择可能性。

一般来说，成年人的学习视野会比少年儿童更"狭窄"，这是因为随着年龄的增长我们会在生活阅历的影响下局限性更大，所以我们要创造更多的可能性，让我们在筛选信息时打开思路，灵活地掌握知识。

以某一年的温州语文综合性考题为例，题目分别是"感受自然""过年风俗"以及"与家相关"，从内容上看考查的是课本各单元相关的内容，同时包含了乡土文化和社会热点，从形式上看考查了语文在具体语境中的实践运用——集中于对"家"的理解，这就意味着我们的答题思路要放开，不能把"家"单纯地理解为"家庭"和"家乡"，而是要把自然、民俗、社区、乡愁、情怀等因素都和"家"联系起来，检验我们在不同语境下对"家"的认识和呈现，丰富我们的语言体系。如果我们固化在成年人的思维中，不能把清澈的河水当成"精神家园"，不能把舞狮的民俗当成"家乡情怀"，那我们肯定拿不到满意的分数。

第三，提出优先考虑的问题。

什么是优先考虑的？符合客观规律和科学逻辑的，打个比方，我们要做一套物理试卷，首先准备的是什么呢？回顾我们最近学习的定理和公式，在头脑中"过"一遍，一旦发现某个定理没有吃透或者某个公式没有记清，那必须重温一下，否则我们就不具备答卷的资格。同理，我们在筛选信息时，必须考虑到哪些知识是考试重点、哪些知识是考试难点、哪些知识是我们掌握不好的弱点，弄清优先级，将最大的漏洞填补上，才能继续学习后面的内容，否则这些 bug 会严重拖累我们的学习进度。

第四，考虑他人的观点。

学习最终是要筛选和留下最实用的知识，一本 10 万字的书，抽取出来的"干货"可能只有一万字甚至更少，为了提高我们的筛选效率，就要听从老师的指导意见，也可以参考学霸的学习心得，比如可以跳过那些作用不大的篇目或者集中精力攻坚某一章节，让他人成为我们筛选信息的向导，列出一张清单，快速准确地把实用性的知识找出来，同时把那些"无用的""低价值"的知识筛选出去，唤醒自主学习的意识。需要强调的是，即便是权威性的书籍，也可能存在谬误，也不免会有废话，所以我们要借助他人的经验"避雷"，降低被误导的风险。

图 49

筛选知识是为了更好地进行选择。在信息过剩的时代，如何把经过筛选的知识通过科学处理的方式真正融入我们的知识体系，这是在学习之路上走向成功的唯一通道。只有当我们善于筛选信息时，才能成长为一个擅长思考的人，思考的自觉性就会带动学习的主动性，让我们不断完善学习方法，在高效率的吸收与固化中日益精进。

2. 联想法：让知识和现实相结合

巩固知识离不开"复述知识"这个环节，无论是在以教促学还是查漏补缺的过程中，我们都要对知识展开重新认识，这样才能真正教会他人和我们自己。复述知识，既可以是在二刷知识点阶段，也可以是在三刷知识点阶段，但这并非重点，重点是能否与现有的学习思路相匹配。比如你学习了马克思经济学理论，那么在二刷、三刷时就要用该理论工具复盘一些经济学问题，如果出现了无法解答的情况，要么是你的理论学习不够，要么是题目本身出了问题。总之，当你想要对知识要点、逻辑体系进行强化和复盘时，就要不断复述和复查，这就离不开一个重要的学习工具——联想。

抛开二刷和三刷的区别，单从巩固知识的角度看，我们在复述知识时，面对的是不成体系的零散知识点，而要让这些知识点完整地串联在一起，就要筛选信息，然后通过联想让知识和知识之间建立联系，其目的不仅是加深印象，也是能够碰撞出新的观点。因此在这个过程中，即便是天马行空的联想也是值得鼓励的。

笔者朋友的女儿，特别喜欢她的英语老师，原因是上英语课时老师总会调动他们的想象力进行学习，比如在讲到"in the dark"这个短语时，老师告诉同学们这是"不知道"的意思，但是大家望文生义，总是被字面意义"在黑暗中"所干扰，于是老师就启发大家："如果你们在一个伸手不见五指的黑暗空间里，周围什么情况是不是就不知道了呢？"通过这种联想学习法，很多晦涩难懂的词汇、句型都被同学们轻松地掌握了。

芝加哥大学里奇·杰勒德博士认为：任何一种思维形式都以想象为前提，然后提出问题，最后像计算机回答问题那样，在问题的原因中获得答案。虽然"联想"和"想象"存在区别，但从根本上都是以想象力和创造力作为基础，一个缺乏想象思维的人也很难进行高质量的联想，那么，我们就要利用这种思维能力产生的价值，将所学知识和现实充分结合。下面，我们就来探讨一下如何利用联想力完成这个过程，推荐采用三种方法尝试。

第一，接近联想。

接近联想指的是由一个事物想到另一个与之在时间或空间上接近的事物，或者想起在时间和空间上与某种刺激比较接近的经验。比如从吃早饭想到在早上晨读和晨跑，这是时间上的接近联想，再比如从天安门广场想到故宫，这是空间上的接近联想。

接近联想适合于"画面感"较强的科目，比较典型的就是物理，因为几乎每一道物理题目都在向答题者呈现一幅物理图景，而解题的过程就是探索这幅图景背后隐藏规律的过程。

一辆汽车以每秒 12 米的速度运动，关闭油门后获得每秒 3 米的加速度，那么 5 秒内汽车的位移是多少？

这道题目考验的是对匀速运动的知识理解，我们可以不急着先去回答问题，而是通过接近联想的方式在时间和空间上寻找"似曾相识"的画面：早上离家后，在路边等车时，看到一辆公交车缓慢停下来。这时我们就会意识到：公交车和题目中的汽车都在做匀减速运动，那么汽车速度减为零的时间就是：$t_0 = \dfrac{0-v_0}{a} = \dfrac{-12s}{-3s} = 4s$，那么在 6 秒内的位移距离就是 24 米。这道题的易错点在于很多人会直接把 6 秒代入公式，这是受到题目的影响，但只要联想我们看过的公交车停驶的画面就会想到"汽车速度减为零后不再运动",等于帮助我们审题,既做对了题目又巩固了对运动学中刹车问题的理解。

第二,相似联想。

相似联想指的是由一个事物想到另一个与之相类似的事物,或者是想起和某种刺激或经验相似的经验,比如看到人可以想到猩猩(都是灵长类动物),看到蜻蜓就想到了飞机(都有笔直的身体和张开的翅膀)。

相似联想适合学习语言类的科目,因为语言文字会有大量可以和现实相联系的可能,比如在学英语的时候,我们可以从形象和声音两个角度来记忆单词并加深对词义的理解。

以某些象形词为例,它们是根据事物体突出的特征或者动作创造出来的,在英语词汇中占比不小,只要抓住这一特点就能很容易地记住某些词汇,比如"eye""see""meet"等单词,它们都带有两个"e"字母,而"e+e"就代表着两只眼睛,这和我们在卡通片中看到的搞笑人物一样,它们的眼睛就很有这种滑稽色彩。另外,英语中还有一部分单词的读音决定了词形,比如"bomb",它就是模拟炸弹爆炸的声音,在理解这个单词时我们可以回想过年放鞭炮时听到的声音,自然就强化了认知。再比如"down",它是模拟物体掉下的声音,可以回想起我们拿东西时脱手的画面,如果再加深到词义拓展的层面,我们会知道"back down"有"放弃、撤诉、打退堂鼓"等含义,我们就可以联想自己不想干某件事而摔门离去的画面,是不是会发出"down"的一声响呢?还有"bear down"有"击败"的意思,我们可以想象和小伙伴玩耍时一下子将其扑倒在地的画面，也会发出类似"down"的声响。借助这种联想方法，我们不单记住了单词，还能灵活掌握更多的用法。

第三，对比联想。

对比联想指的是从一个事物想到另一个与之相反的事物，或者从某个经验联想到与之完全相反的经验，比如由长想到短，由天想到地，由快乐想到痛苦等。

对比联想适合应用于探索遵循客观规律且具有一定逻辑性的学科，比如在学化学的时候，元素周期表中的元素、化合物都有各自的特性，初学时我们觉得种类复杂，不易识别和记忆，但当我们学到一定阶段后，就可以通过对比联想的方法区分容易混淆的知识点，达到举一反三的效果。比如在学习化学实验时，通过横向对比氢气、氧气、二氧化碳的制取和收集方法，就会在脑海中形成"三个实验桌"的画面，一张桌子对应一种气体，想到氢气时，我们可以联想到氢气球和我们用嘴吹的气球（一个能飘起来一个落地），从而回忆起了它们的特性，想到二氧化碳时，我们会想起吸氧和呼气时的画面，这样氧气和二氧化碳的特性又在脑海中浮现出来。在回顾了基本概念之后，我们通过对比联想把这三种实验装置的特点、所用药品、操作步骤以及注意事项等重新过了一遍，从而归纳出三种气体制备的共同模式和收集气体的方法，知识就得到了进一步巩固。

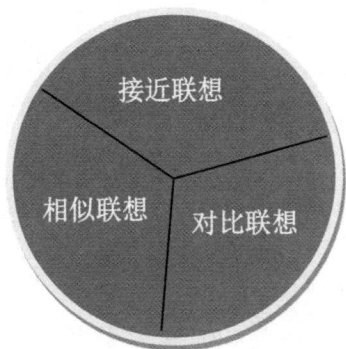

图 50

复述知识时产生的全新领悟，并非凭空冒出来的，而是经过对知识的反复理解和运用产生的，它不是一个简单的"回顾"过程，而是一个"回顾"＋"信息加工"的过程。所以我们要拿出学习新知识的态度进入这个环节，才能利用联想力整理我们的知识信息库，强化知识的记忆、实践以及迁移能力，这样我们在面对现实问题时就有了属于自己的思维方法和解决之道。

3. 攻克知识难点：先拆解再拼装

学习中遇到的知识难点，往往会成为一部分人的拦路虎：想突破却没有方法，想绕开又不是办法。如果向老师或者学霸求助，固然能顺利闯关，可再遇到类似的难点时能依靠自己攻克吗？

答案当然是肯定的，前提是你掌握了正确的方法。

笔者的一位朋友在高校教书，有一次和他谈论"如何判断是不是学霸"这个话题时，他给出了一个听上去很简单粗暴的结论："学霸不是会读书，而是会拆书。"然后他就讲了自己班上的一位同学，不管学习专业课还是公共课，都是先在笔记上列出"定义""规律""方法""数据""案例"五个要点，然后根据分类往里面填充内容，这样就把一整本书的知识点全部拆分开来，知识吸收的效果达到最佳，最后，这位学生还会对每个章节的知识点进行总结，完成了一个"先拆解再拼装"的学习过程。

无论"拆解"还是"拼装"，都需要借助基础知识和过往经验，否则你就无法完成前期的分析过程，而这就是费曼学习法中"简化"的第一步，通过拆解让难点变得简单易懂，而下一步是将分析透彻的知识碎片还原为整体。对此，**费曼是这样解释的："首先是对知识的分解，把你需要的、核心的东西找出来；其次是条理化、逻辑化，把这些剩下的知识整理好，成为一个整体。做好这两项工作，我们才能吸收这些知识。如果你不能把一个科学概念梳理得逻辑简单，通俗易懂，三两句话就能讲明白，那就说明你对这个概念是一知半解的，并没有学好。"**

那么，怎样才能完成知识点的拆解和拼装呢？可以分为三个步骤。

第一，做加法，再还原。

拆解难点虽然是"做减法"，但在这个过程中可以增添一个"做加法"的步骤，这是为了让我们增加理解知识的素材，降低认知难度。比如在学习历史《古亚非文明》这一课程时，会遇到关于《汉穆拉比法典》如何解读的知识点，这对于刚刚接触世界历史的初中生来说难度不小，直接拆解？初中生还不具备相关的基础知识，那就不如"做加法"进行扩展阅读，通过查阅《汉穆拉比法典》的内容来强化认识，由此你就会了解到：奴隶可以买卖，也能用来抵债，而如果奴隶敢否认自己的身份时会被主人割掉耳朵……通过拓展阅读，你会把每一个法条拆分开，从而了解奴隶在那个历史时期的悲惨遭遇……在掌握这些信息以后，你就可以还原出这部法典的本质：一部奴隶主性质的法律文献，是为保护奴隶制度的。

第二，借理论，得结论。

拆解难点需要合适的工具，它可以是我们的学习经验，也可以是某种适用性强的理论，这就需要我们打开思路，不要拘泥于学科本身的方法论。比如，在学习巴黎公社失败的根源时，由于年代较远又存在跨文化背景，学起来就有一定困难，这时我们不妨借助政治学中的理论——经济基础决定上层建筑，然后再来拆分这段历史：巴黎公社成立初期得到了民众的支持、巴黎公社采用武装斗争的形式打跑了反动政府、反动政府反攻之后又将巴黎公社消灭……这些拆分的信息套用政治学理论能得出什么呢？那就是反动政府代表的资产阶级势力依然强过无产阶级，所以巴黎公社的每一次革命行动都缺乏相应的经济基础支撑，失败是注定的，最后我们就可以简化出一个结论：资本主义依然处于上升阶段，无产阶级政权还不具备建立的客观条件。

第三，切角度，看全貌。

很多时候，我们通过切换角度和改变立场的方法，就能对同一个事物产生更丰富的认识，这样的拆解就是多角度的分解然后再回看全貌。比如，在学习《明朝的对外经济文化交流》这一课程时，本课的难点是"郑和下西洋的意义"，因为教材给出的解释是"郑和下西洋扩大了中国同亚非各国的经济文化交流"，但这对于历史知识储备不多的人来说有些抽象和笼统，无法形成感性认识。为了攻克这一难点，我们不妨从三个角度进行拆解：一是郑和下西洋是 15 世纪著名的人类航海活动之一，而另一次伟大的航海就是哥伦布发现新大陆，单从推动人类文明演进的角度看，郑和下西洋的作用也显而易见；二是郑和下西洋代表了中国当时具有高超的造船技术和航海技术，已经领先了全世界大多数国家和民族，足以载入史册；三是下西洋不是单纯的游览，而是和 30 多个国家建立了友好关系，提升了明王朝对外的知名度，凸显了中华民族在世界上的重要地位。这样一来，三个角度的拆分就让我们更进一步认识了郑和下西洋的意义，那么回头再看全貌，就能真正理解"扩大了中国同亚非各国的经济文化交流"的结论了。

图 51

拆解知识难点的方法也同样适用于理科，比如在学习初中物理"光的反射"这一知识难点时，可以运用"切角度，看全貌"的方法来拆解：一是引入法线来研究反射角和入射角的关系，从正面理解光的反射路径；二是画出物体在平面镜里的成像理解光路可逆现象，间接地认识光的反射，这样就能通过不同的物理实验和物理现象多角度地认识光的反射，形成完整的认知体系。

知识的学习在于"透过现象看本质"，而"简化"就是把看似杂乱无章的知识碎片归纳为一个知识整体，进而得出规整的、精致的、易于实践的定理和公式，从而直抵问题的本质，正如爱因斯坦所说："弄清楚如何思考问题，抓住问题的本质就成功了一半。"将难点拆解，才能切入问题的核心，找到对应的解决方案，从而提升自己的认知效率。

随着时代的发展，"知识创造能力"将成为人们在竞争中取胜的关键，而如何把知识转化为能力则是对一个人综合学习能力的检验。拆解难点并将其拼装，这是一种学习思维的历练和学习习惯的养成，它直接关联着我们分析和解决现实问题的能力，只有通过这个环节的考验，我们才能抵达成功的彼岸。

4. 如何回顾总结：整合碎片信息

学习最忌讳的不只是懒惰，还有贪婪。

很多人总是有意无意地把"做了多少试题""看了多少资料"当成学习成果，虽然从理论上讲，有量的积累才有质的飞跃，但你所谓的"学了多少"到底有多高的含金量，这是一个值得商榷的问题，因为学习这种事是存在"损耗"的：阅读一本书，不见得能百分百吸收里面的知识；做完一套试题，也不见得百分百掌握了解题要点。只有在回顾总结时把这些零散的知识点整合在一起，才能发现自己的学习漏洞在哪里，从而进行知识体系的补救。

前面我们讲过的三刷知识点，侧重点是"加深知识的留存量"，即强化对现有知识的固化，而整合碎片信息侧重点是"查漏补缺"。以学习中国近代史为例，三刷知识点是回顾教材中的重难点然后进行强化记忆和深度理解，而整合知识点碎片是把鸦片战争、辛丑条约、新文化运动等大事件罗列出来，然后按照时间轴线串在一起，进而查找自己在某个环节上的疏漏。

比如发现自己对《马关条约》的理解只局限于中日关系而疏漏了对朝鲜半岛的影响，这样就找到了短板所在，就要马上填补漏洞。

想要完成查漏补缺这个环节，需要注意三个细节。

第一，对知识"登记入库"。

生活中，有些人总是丢三落四，东西用完了就找不到，而有些人则能分门别类，把东西整理得井井有条。那么，我们在学习知识时也要培养良好的习惯，每学完一个章节、一本书乃至一个科目之后，都要把已经掌握的知识记录下来。为了提高效率，可以通过整理课堂笔记、读书笔记来快速"登记入库"，这样，当我们在汇总笔记中的知识点时，同步对照教材、教辅以及试题等学习资料时，就能核对出哪些内容被遗漏、哪些内容强化不足。

比如，在回顾初中英语语法时，"动词的种类"是一个知识板块，其中包括了行为动词、联系动词、助动词和情态动词四种常见类型，如果你的笔记中缺少了其中一项或者某一项缺少例句，那就意味着出现了漏洞，必须补上。以助动词为例，如果我们的笔记仅仅是记下了"助动词没有意义，只能和主要动词构成谓语动词"的基本用法，却没有举例，那就必须补全"be do have shall will 是常见助动词"的说明，此外还要在笔记上增加 "How do you usually come to school" 之类的例句，这样才算是真正补全了一个知识单元，这种落在笔头上的学习行为才称得上是"登记入库"，而非只列出一个名字和基本的解释。

第二，减少盲目行为。

电脑系统中存在一些碎片化的垃圾文件，要么是常年不及时清理，要么是经常下载一些无用的垃圾软件。学习也是如此，有的人明明主攻的是政治经济学，却头脑一热借来了金融学方面的书籍，如果只是随意翻翻倒也无可厚非，结果却是拿出了宝贵的时间记了10页笔记然后就此搁置，这种"半吊子"的学习方式不会对主攻科目有多大帮助，因为无法将这点碎片知识整合到现有的知识体系中，又因为金融学侧重西方经济学，政治经济学偏向东方经济学，在二者都没有学成之前盲目输入，必然会造成信息干扰，产生认知分离，所以要避免这种盲目的学习行为。

第三，注重思维培养。

费曼说过："知识不仅是文明的记忆，也不仅是未来的旗帜，它还是一种思维结构。当你从思维结构的角度看待知识时，就要意识到，学习的过程其实就是对我们自己思维的变革，它有聪明的方式，也有愚蠢的方式。"

掌握一门学科的成功关键是你能够建立相应的思维方式，比如数学的严谨、语文的修辞、历史的大局观、经济学的联系现实等。有的人的确能把知识体系整合在一起，却缺少与之对应的思维模块，结果就是空有一身知识却无用武之地，久而久之，头脑中的信息慢慢就变成了碎片。

以初中数学为例，方程式、函数和概率都可以应用到生活中，比如我们在为地面铺设瓷砖时，可以通过地面总面积和瓷砖的单个面积计算所需要的瓷砖数量，在商场购物时，我们可以通过列函数的方式计算"打九折"和"买一赠一"哪个更划算，在玩桌面游戏的时候，我们可以分析骰子点数的概率问题……这样，我们把所学知识和应用案例结合并记录下来，那么所有的碎片化知识也会自动围绕这些案例展开，比如计算瓷砖数量会用到一元一次方程、等式的基本性质、合并同类项等一系列知识，计算购物优惠会涉及正反比例函数、象限、一次函数等多种知识，由于以案例为模板，无论是记忆、分类还是归纳都更加清晰透彻。相反，如果只是"就题论题"，那我们只能机械性地按照章节目录掌握几个知识单元，因为缺少了应用思维发挥穿针引线的作用。

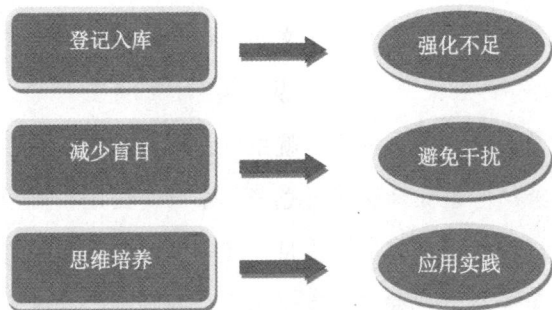

图52

　　笔者的一位教师朋友，经常告诉她的学生："你们之间存在差距是不可避免的，但是你们有办法尽量缩小和别人的差距，这个办法就是查漏补缺。"在她看来，"查"的关键是"查态度"，因为"查基础"是比较容易做到的，而态度往往会被忽视，所以她总是告诫学生要认真检查是否因为马虎大意而做错了题目、是否因为急躁而选错了解题方法等。至于"补"，她的理解是不断加强练习，因为大多数学生的失误都和基础不牢有关，只有反复理解例题，才能真正将知识要点消化。

和三刷知识点相比，查漏补缺的出发点是默认我们存在知识漏洞，所以我们要有目的性地"挑毛病"，这样就能提高我们对知识的敏感度：它是什么？我学会了它吗？我能将它学以致用了吗？这样，我们不仅会关注知识碎片的本身，还会核对我们是否遗漏了与知识相关的"周边信息"。比如学习英语的词汇和语法，离不开对英语文化的了解，而补全这些漏洞，往往只有当我们抱着"自我查证"的态度时才能发现，因为我们对知识的要求提高到新的层次了，这也间接地检验了我们的学习效能。

学习效能是学习活动中一项重要指标，它决定了你的学习成果，也能从中窥见你的学习态度和学习方法是否得当。所以我们要重视回顾总结时的自查，它能帮助我们克服因贪婪带来的盲目满足，也能帮助我们克服因满足而带来的麻痹大意，及时发现漏洞，让我们前期投入的时间和精力不做无用之功，获得高效的投入产出比，筑牢知识体系。

5. 信息衍生：用推导法获得新知识

有的人掌握了 1000 个英语单词，但仅仅是掌握了 1000 个单词，有的人掌握了 1000 个单词，却能熟练开展各种对话。为什么会有如此大的差别呢？前者只是记住了 1000 个单词，却没有把它们组合成多种句型和对话，后者不仅完成了句型与对话的组合，还会按照词根掌握英语构词的规律，从而获得了新的知识。

巩固学过的知识，不仅要把它们纳入原有的知识体系中，还要通过摸索其中的规律和法则发现新的知识，这样我们的学习才能产生"滚雪球"般的效果，这就是学习效能中的"递增学习"。

所谓"递增学习"，就是在原有知识体系的基础上，拓展知识面，获得更大的知识量，实现从学渣到学霸的超级蝶变。

以学习历史为例，当你了解了唐代藩镇割据的历史之后，明白了当时的大唐令外国敬畏的一个重要原因就是驻守边疆的节度使实力都很强大，对觊觎者产生了强大的震慑作用，然而副作用也就是对中央政权造成了威胁。了解到这个程度之后，你忽然意识到这种中央和地方的实力严重不对等必然会对后续的政权产生影响，中央政权必然会加强卫戍力量，而对能带兵打仗的武将会有一定的压制，带着这个新结论再去翻阅宋朝的历史，你就会发现自己言中了：宋朝禁军数量号称达到了80万，而武将的地位也远在文官之下。

这就是用推导法实现信息衍生的过程。

有些人之所以不擅长推导新知识，是因为在日常学习中忽视了那些看似无关但其实紧密相连的知识点，导致缺乏举一反三的能力。当然，推导法并不限于历史政治等文科，对理科也同样适用。比如在天文学领域，如果你通过观测和研究计算出了某个星球的重力和运行轨迹，那就能逐渐刻画出该星球所在的星系的运行规律，产生"以点带面"的推导效果。

由于不同科目有不同的思维方式，推导法的路径也有很大差别，有按照时间轴线的，比如历史，也有按照逻辑关系的，比如数学，也有按照文化习惯的，比如外语。总之，路径的选择不是唯一的，关键在于我们是否锻炼出了"推导思维"。

费曼在小时候，家里有一个供他瞎鼓捣的"实验室"，在那里他会做收音机、小配件之类的小东西，为此他恶补相关的文化知识。比如电学公式，他从朋友的一本书上发现了不少公式定理，当时他就认为，这些公式之间互相存在联系而非完全独立的，这个公式可以从另一个公式中推导出来，而在这个过程中他意识到了数学的重要性。

从费曼的这段经历可以看出：具备一定的学习或实践经验、遵循一定的逻辑关系，在此基础上进行"由此及彼"的推演，就能形成"推导思维"，怎么达成这个目标呢？从两方面入手。

一方面，积累经验。

为什么单位招聘都喜欢寻找"有相关工作经验"的人呢？因为经验可以帮助你快速处理相同或者相近的工作，比如你是门店销售，做同样的工作就能得心应手，即便让你做上门销售，很多经验也是相同的，而这些经验迁移也是一种知识推导，是建立在大量的实践基础上的。同理，在学习中我们也要学会积累实践经验，这就要求我们进行"慢成式学习"。

"慢成式学习"和"速成式学习"是相对的，如今很多领域都有人打着"速成教育"的幌子招揽生源，这虽然符合当今快节奏工作和生活的特点，却在无形中让人养成了浮躁学习的不良习惯。比如有人学英语直接绕过音标，通过"拼音＋汉字"的方式标注单词（市场上也存在这一类书籍），语法也不怎么学，直接熟记常用对话然后生搬硬套，看起来是"速成"，但由于没有学习音标，就没有掌握英语的发音规律，遇到生词完全无法猜读。同时因为没有掌握语法，对句型的理解只停留在字词组合的层面，无法灵活运用，这样的学习方式既无法触及知识核心，又缺少学习和实践经验的积累，自然无法培养出"推导思维"，只会"就题论题"。

另一方面，遵循逻辑。

想要在大脑中形成清晰的逻辑思维，前提是要经历大量的、有针对性的练习。这和积累经验不同，积累经验可以理解为一个"被动训练"，而有针对性的练习是一种"主动训练"，是为了探明问题的本质并得出逻辑性结论的过程，这样才能提升认知深度、拓宽认知视野。

以高中物理为例，在"运动"这个知识板块中，横向上可以分为曲线运动和直线运动两种，其中曲线运动包含万有引力、圆周运动、平抛运动等知识单元，彼此之间是相互联系的，万有引力和平抛运动有交集，会衍生出受力特点和运动规律、合运动与分运动的关系，而圆周运动和万有引力交集后又衍生出动力学特征、天体运动等内容。这些知识点看似零散，但它们都依托运动、万有引力等主干、支线或者基本属性而存在，有着明确的逻辑关系，而想要在脑海中清晰呈现这些关系，就必须通过大量做题来不断强化，这就是有针对性练习的意义所在。

除了做题之外，我们也可以通过画思维导图的方式来理解书本中的逻辑关系，从而在脑中形成"知识生长"的认识——A 产生了 B，B 催生了 C。当然，为了简化信息，我们可以暂时忽略一些细枝末节的知识内容，比如孤立性较强的冷门实验和定理等，聚焦核心领域。

图 53

推导法就是将知识内化的过程，是把从外界吸收的智慧和经验转化为自身的创造力和生产力。那些推导能力强的人，都是善于构建内部知识体系的人，比如有的人学习了金融知识以后，又触类旁通地掌握了投资理财的知识，接着又顺势研究了家庭财务管理，这就是不断扩充知识体系并广泛应用于实践的表现。相反，没有掌握推导能力的人，并非学得不好，而是把所学知识和现实问题割裂开来：知识只用来做题而不解决现实问题，自然就无法在实践中推导出新知识。

笔者曾经听身边一位教育工作者吐槽："我们的应试教育过于看重结果，所以老师都不要求学生记住定理推导的过程，这样看似省事，却失去了让学生培养推导思维的机会。"事实大体如此，我们推崇费曼学习法的一个隐藏原因就是，它能促使我们持续锻炼推导能力，特别是在"简化"这个环节中，一个擅长举一反三的学习者，才能见识到"信息衍生"的魅力——获得更多的学习成果。

费曼说过："从体系化的角度看待知识时，我们比碎片化的学习获得了无数的好处，其中最大的好处是能看清不同知识的内在层次和结构关系，方便我们进行总结和升华，然后对外传播知识。"的确，当我们回顾所学的知识时，不要只是抱着"回忆""复盘""自查"的态度，而是要怀着"创造""发现""推演"的心态，在巩固原有知识库的同时，还能对旧知识体系进行有价值的"翻新"和"扩容"。这样才能实现螺旋式的上升，把我们的努力转变为价值，把我们的练习升级为进步，届时我们将打开新知识世界的大门。